职业教育课程改革创新示范精品教材

中餐服务员

主　编　刘　明　望媛媛　杨　结
副主编　庄沛丹　唐　华　邓舒蔚　杨永贤
　　　　黄　彬
参　编　张秋怡　陈丽珍　郭　婷　叶秀菊
　　　　钟登议　邹亮军　张　娟

北京理工大学出版社
BEIJING INSTITUTE OF TECHNOLOGY PRESS

内容简介

本教材根据酒店中餐服务员岗位实际工作任务，集中餐服务的基本理论，中式菜点和酒水知识，中餐厅基本服务技能，中餐服务技巧，中餐厅常见问题的处理，餐厅家具、设备、器具、餐具的使用与保养等管理服务知识于一体，进行科学、合理、有趣的项目化打造，形成6大项目（含20个教学任务）。教材贯穿中餐服务员的职业精神、爱岗敬业、劳动工匠精神等思政教育。通过学习，学生能具备良好的职业道德和职业素养，养成精益求精的工作态度和为客人提供优质服务的服务意识，具备中级中餐服务员接待能力。

本教材适用于中等职业教育的旅游、酒店及相关专业的学生使用，亦可作为酒店中餐员工的培训教材或者酒店行业从业人员的自学指南。

版权专有　侵权必究

图书在版编目（CIP）数据

中餐服务员 / 刘明, 望媛媛, 杨结主编. -- 北京：北京理工大学出版社, 2023.3

ISBN 978-7-5763-2239-2

Ⅰ. ①中⋯ Ⅱ. ①刘⋯ ②望⋯ ③杨⋯ Ⅲ. ①饭店—商业服务—中等专业学校—教材 Ⅳ. ①F719.2

中国国家版本馆CIP数据核字(2023)第056715号

出版发行 / 北京理工大学出版社有限责任公司

社　　址 / 北京市海淀区中关村南大街5号

邮　　编 / 100081

电　　话 /（010）68914775（总编室）
　　　　　（010）82562903（教材售后服务热线）
　　　　　（010）68944723（其他图书服务热线）

网　　址 / http：//www.bitpress.com.cn

经　　销 / 全国各地新华书店

印　　刷 / 定州市新华印刷有限公司

开　　本 / 889毫米 × 1194毫米　1/16

印　　张 / 16.75　　　　　　　　　　　　责任编辑 / 徐艳君

字　　数 / 320千字　　　　　　　　　　　文案编辑 / 徐艳君

版　　次 / 2023年3月第1版　2023年3月第1次印刷　　责任校对 / 周瑞红

定　　价 / 49.80元　　　　　　　　　　　责任印制 / 边心超

图书出现印装质量问题，请拨打售后服务热线，本社负责调换

党的二十大报告指出，"统筹职业教育、高等教育、继续教育协同创新，推进职普融通、产教融合、科教融汇，优化职业教育类型定位"，再次明确了职业教育的发展方向。产教融合是职业教育的基本办学模式，也是职业教育发展的本质要求。深化校企合作形式，要将企业对人才的实际需要落实到专业规划、课程设置、教材开发、教学设计、教学实施的过程中，促进校企合作育人、合作发展。珠海市第一中等职业学校作为粤港澳大湾区旅游职业教育联盟的成员，是广东省内最早引入澳门职业认可基准（中餐服务员）的学校，十几年来培育出了上万名酒店管理专业学生，服务于大湾区酒店行业。随着粤澳"一试三证"的开发实施，为了适应大湾区酒店行业对服务的更高要求，特编写融合大湾区酒店服务行业标准的《中餐服务员》一书。本教材以"工学结合、培养能力"为指导思想，在对大湾区酒店中餐服务员岗位进行充分调研的基础上确定编写方案，根据酒店工作流程、典型工作任务设计教学项目，工作任务即学习任务，实现"教、学、做"一体化。

一、教材特点

1.采用主教材搭配任务工单，在知识点的呈现上打破传统教材罗列知识点的模式，以任务引导的方式设计学习内容，引导学生自学。重点、难点知识以视频微课形式呈现，便于学生学习突破重、难点，并在教材上同步记录学习笔记，培养学生自主学习能力，教师亦可采取多样化教学手段。

2.结合配套的精品课程教学资源平台，可助力教师轻松完成线上线下混合式教学。教师课前以清晰的任务引导方式，引导学生通过教材中丰富的可视化教学资源自学并归纳知识；课中利用教材内各种形式的教学活动和教学平台中丰富的教学资源组织学生探究实践、归纳提炼；课后利用教学平台展示学习成果，开展多元化测评，提高学生参与教学活动的积极性，更加符合信息化时代下学生的学习特点，增强教材的趣味性和互动性，满足自学个体的灵活学习，提高学习的可行性和有效性。

3.由学校与企业深度合作共同开发编写，其中实操教学视频全部在酒店真实工作环境中拍摄，餐饮服务六大核心服务技能由珠海市第一中等职业学校国赛获奖教师指导，参赛选手示范，服务流程项目由五星级酒店中餐厅服务员示范操作，使内容呈现专业性、情境真实化、操作高标准，极大地提高了课程的表现力、吸引力。

4. 每一个项目都设置了教学目标、素质目标，教学重点清晰；配备练习和答案、教学案例、PPT课件、电子教案和学案；实操性内容还设计了有针对性的实操活动，评价标准里融入了国赛评分标准和考证评分标准；配备任务工单，使教师能够轻松备课。

5. 贯彻党的二十大精神，坚持立德树人的根本任务，将职业道德、爱岗敬业、优质服务、精益求精、团队协作等素养元素融入各任务教学环节中，渗透社会主义核心价值观教育，培养学生的职业荣誉感和责任感。

二、编写团队

本教材由珠海市第一中等职业学校刘明任第一主编，负责全书配套资源规划；珠海市第一中等职业学校望媛媛负责全书规划和统稿，主持本教材配套精品课程建设，并主要负责教材项目4中任务1的编写；珠海市第一中等职业学校庄沛丹主要负责项目3的编写；珠海市第一中等职业学校唐华主要负责项目1、项目5中任务2的编写；珠海市第一中等职业学校邓舒蔚主要负责项目2的编写；珠海市第一中等职业学校黄彬主要负责项目5中任务1、项目4中任务2的编写；珠海市第一中等职业学校杨永贤主要负责项目6的编写；以上老师均参与配套精品课程建设。珠海市第一中等职业学校张秋怡参与配套精品课程建设；英德市职业技术学校叶秀菊、陈丽珍参与项目3的编写；清远市清新区职业技术学校邹亮军参与项目4的编写；重庆市三峡水利电力学校张娟、遵义市职业技术学校郭婷参与项目5的编写；重庆市三峡水利电力学校钟登议参与项目6的编写。还特邀南沙大酒店总经理杨结提供专业技术指导。在本教材的教学资源库建设过程中，珠海度假村酒店、澳门新濠天地酒店等企业相关人员对教学视频的拍摄给予了大量的支持与帮助，特此表示感谢！

由于编者水平有限，疏漏在所难免，恳请读者批评指正，以便在修订时更正。

本教材在编写过程中，参考了部分行业资料和相关文献，在此向这些作者表示诚挚的谢意！

本教材有配套精品课程，需要使用精品课程的老师请发申请邮件到邮箱 18717813@qq.com。

编 者

目录 CONTENTS

项目1　认识餐饮部 ·································· 1
- 任务1　餐饮部 ·································· 2
- 任务2　餐饮产品 ·································· 12
- 任务3　中餐服务人员 ·································· 21

项目2　中式菜点与酒水知识 ·································· 35
- 任务1　中式菜点知识 ·································· 36
- 任务2　中国酒 ·································· 41
- 任务3　软饮料 ·································· 51

项目3　中餐基本服务技能 ·································· 55
- 任务1　托盘技能 ·································· 56
- 任务2　餐巾折花 ·································· 57
- 任务3　斟酒技能 ·································· 60
- 任务4　中式摆台 ·································· 63
- 任务5　上菜服务 ·································· 66
- 任务6　分菜服务 ·································· 68
- 任务7　撤换餐具 ·································· 69

项目4　中餐服务技巧 ·································· 73
- 任务1　零点餐服务 ·································· 74
- 任务2　宴会服务 ·································· 90

项目5　中餐厅常见问题的处理 ·················· 99

  任务1　客人投诉的处理方法 ················ 100
  任务2　中餐服务中常见问题的处理 ············ 104

项目6　餐厅家具、设备、餐具的使用与保养 ············ 109

  任务1　餐厅常用家具的使用与保养 ············ 110
  任务2　餐厅服务设备的使用与保养 ············ 115
  任务3　餐具的使用与保养 ················ 119

参考文献 ································ 126

项目1　认识餐饮部

餐饮部是酒店的重要部门，其服务人员在酒店中占有较大比例。酒店的规模不同，餐饮部的结构、餐厅的分类也不同。本项目从餐饮部、餐饮产品和餐饮服务人员三方面分析讲解，介绍餐饮部的组织结构、餐厅分类、餐饮产品和服务质量，选择具有代表性的岗位进行职责描述，对餐饮服务人员的素质能力和形象礼仪标准提出了要求，为了解餐饮部，做好对客服务打好基础。

【知识目标】

1. 熟知酒店餐饮部下属各个部门的主要任务及与其他部门的协调合作内容；
2. 掌握餐厅分类、经营特点，了解餐饮产品的特点，掌握餐饮服务质量的特点；
3. 熟悉餐饮服务人员的岗位职责、素质和能力要求；
4. 熟悉餐饮服务人员的仪容仪表要求，掌握服务语言沟通技巧。

【能力目标】

1. 能说出餐饮部在酒店中的地位和作用，画出中型餐厅的基本组织架构图；
2. 能描述餐饮部下属主要部门的主要职责，餐饮部与其他部门的协调合作内容；
3. 掌握餐厅的种类并向不同类型的客人推荐；
4. 能描述中餐厅各岗位人员的岗位职责和上下级关系；
5. 符合星级酒店仪容仪表要求，在对客服务过程中运用常用的礼貌用语。

【价值目标】

1. 认识餐饮服务的重要性，培养服务意识，爱岗敬业的精神；
2. 学习不同部门的协调合作，培养团队意识和合作意识；
3. 学习餐饮服务人员的岗位职责，养成职业人的职业素质；
4. 在标准的仪容仪表和对客服务过程中，形成优质服务意识，提升服务态度。

任务1　餐饮部

饮食是人们赖以生存的重要物质条件之一。随着社会生产力的发展，人们的生活质量和对餐饮服务的要求越来越高。酒店餐饮部是酒店三大重要营业部门之一，其地位和作用在酒店经营中显得尤为重要。本任务重点学习餐饮部基础知识，通过学习学生能够认识到餐饮部在酒店中的重要作用，了解餐饮部下属的各个部门的分工及餐饮部与其他部门的协调合作内容。

【知识加油站】

1.1.1 餐饮部在酒店中的地位和作用

俗话说："民以食为天。"餐饮部是现代酒店的重要组成部分，餐饮是一个酒店赖以生存和发展的基础，它不仅满足了客人对餐饮产品和餐饮服务的需求，而且作为酒店对客服务的窗口，它为树立酒店良好的社会形象发挥着积极的作用，并为酒店创造可观的经济效益。

餐饮部在酒店中的地位和作用

【探究活动】

请同学们扫描二维码学习"餐饮部在酒店中的地位和作用"微课，思考讨论，并完成表1-1-1。

表1-1-1　餐饮部在酒店中的地位和作用

序号	餐饮部在酒店中的地位和作用	举例说明
1	餐饮部是酒店的重要部门	
2	餐饮服务直接影响酒店声誉	
3	餐饮部为酒店创造可观的经济效益	
4	餐饮部的工种多、用工量大，为社会创造更多的就业机会	

1.1.2 餐饮部组织结构及与其他部门的协调合作内容

餐饮部组织机构是针对餐厅的经营目标，为筹划和组织餐饮产品的产、供、销活动而设立的专业性业务管理机构。餐饮部拥有的员工数在酒店中占较大比例，工种多。餐饮部是酒店组织机构中的重要组成部分，大多采用四级管理体制，即部门经理、主管、领班和服务员。

【探究活动】

请你与你的小组成员调查本地一家五星级酒店餐饮部下属有哪几个主要部门，并了解餐饮部与其他部门的协调合作关系。

1.1.2.1 餐饮部组织机构设置原则

餐饮部的组织机构是确定该部门各成员之间、下属部门之间相互关系的结构，其目的是提高实现本部门经营目标的能力，更好地组织和控制员工的活动，为客人提供最佳餐饮服务和获得更多的经营利润。一般来说，餐饮部组织机构设置应遵循四个原则，如表1-1-2所示。

表1-1-2 餐饮部组织机构设置原则

原则	原则理解
精简	根据餐饮部的营业需要设计机构，因事设岗，因岗置人，力求精简，讲求实效。各级机构要职权相当，职责分明
统一	整个组织机构是一个统一的整体，要符合统一领导的原则，各个部门的职权范围要统一，主要的规章制度要统一
自主	组织机构设置要有利于发挥各级人员的业务才能，发挥他们的主观能动性，各部门、各环节能自主履行职能
高效	组织机构运作流畅，需提高信息的沟通和传递，提高管理效率

1.1.2.2 餐饮部组织机构的一般模式

餐饮部组织机构是否合理，直接关系到生产的形式和部门运作是否顺利。餐饮部组织机构的具体形式主要受企业规模、接待能力、餐厅类型等因素的影响，一般模式主要有以下几种：

1.小型餐厅的简单模式

大部分的小型餐饮组织都会采用简单型结构，其特点是组织机构扁平化，决策权操控在一个人的手里，并且作决策时大都以口头传授的形式，比较不正式。但是面对餐饮这种客人需求变化多端的行业，扁平化的组织能够让决策者立即获得主要信息，迅速地回应并解决问题。

2.中型餐厅的复杂模式

中型餐厅一般规模比较大，若是隶属酒店的餐厅，则这个酒店一般有300～500间的客房。餐厅类型比较齐全，厨房与餐厅配套，内部分工比较精细，餐饮经营管理组织机构相对复杂。

3.大型酒店餐饮部的专业化模式

大型酒店一般有5～8个餐厅，多的甚至可达到十几个、几十个餐厅，中西餐厅、宴会厅、酒吧等各类齐全，厨房与各种类型的餐厅配套，内部分工十分精细，组织机构专业化程度非常高。在餐饮管理的具体组织形式上又分两种模式，如表1-1-3所示。

表 1-1-3 大型酒店餐饮部组织形式

组织形式	具体安排
配套厨房形式	每个餐厅都设有与之配套的厨房,各个厨房分别负责自己的食品原料加工
厨房专业化管理形式	酒店设立中心厨房,各个餐厅设立卫星厨房,中心厨房统一为各卫星厨房加工食品原材料,按量装袋,供各卫星厨房使用,各卫星厨房则主要负责菜点的炉灶烹制,只有需要现场加工的特殊产品才在卫星厨房现场加工烹制

4.餐馆、酒家一般模式

餐馆、酒家是独立的企业,其组织机构形式与酒店的餐饮部不同,它具有健全的机构。其组织机构的具体形式也因企业规模、档次高低、接待能力不同而不同。

【探究活动】

假如将来你想自己创业开一家小餐馆,你打算开多大规模,需要设置哪些岗位,各岗位需要多少工作人员?

请你与你的小组成员调查本地一家大中型酒店餐饮部是怎样设置部门的,并尝试画出该餐饮部的组织结构图。

1.1.2.3 餐饮部下属部门的主要职责

餐饮部下设餐厅部、宴会部、管事部、酒水部等部门,每个部门的主要职责分工清晰,各司其职。

餐饮部主要部门的主要职责

【探究活动】

请同学们扫描二维码学习"餐饮部主要部门的主要职责"微课,思考讨论,归纳本节任务学习的内容,并完成表1-1-4。

表格 1-1-4 餐饮部下属部门的主要职责

线索栏(请归纳知识要点,方便记忆)	笔记栏(请用简洁的文字记录学习内容)
如: 1. 餐厅部 2. 宴会部 3.	如: 1. 满足客人的餐饮需求,加强沟通,确保提供优质服务。保证质量,控制成本,完成营业指标。 2. 3.
总结栏	
1.请不要看前面的内容,自己回顾学习的知识点,看看能掌握多少。	

续表

总结栏
2.请思考：你在哪些方面有疑问？请列出来，并与同学或老师讨论解决方案。

1.1.2.4 餐饮部与其他部门的协调合作内容

 1.与前厅部、客房部的协调合作内容

餐饮部与前厅部、客房部的协调合作内容如表 1-1-5 所示。

表 1-1-5　餐饮部与前厅部、客房部的协调合作内容

部门名称	协调合作内容
餐饮部	1. 为住店客人提供配套的各类餐饮产品； 2. 负责商务楼层的酒水供应； 3. 为住店客人提供送餐服务
前厅部、客房部	1. 为餐饮部提供客情预报，以便餐饮部据此做好食品原料的采购工作； 2. 在适当时机向住店客人推介餐饮部的特色，促进餐饮产品的销售，为餐饮部提供客源； 3. 客房部下属的PA（Public Area，公共区域保洁）负责餐厅内地毯、家具、洗手间的清洁及衣帽间、洗手间的当值；绿化部负责餐厅内花草盆栽的装饰与更换；洗衣部、布草房负责餐饮部各种布草及员工制服的洗烫、收发

 2.与市场部、公关部的协调合作内容

餐饮部与公关部、市场部的协调合作内容如表 1-1-6 所示。

表 1-1-6　餐饮部与公关部、市场部的协调合作内容

部门名称	协调合作内容
餐饮部	1. 根据各阶段酒店的营销策略来调整菜品，提供配套的优质产品和服务； 2. 及时将有关产品的销售情况反馈给市场部，主动提供创新产品资料，使市场部能获得准确的第一手资料； 3. 与公关部共同协调推广餐厅特色活动和产品； 4. 负责商务楼层的酒水供应； 5. 为住店客人提供送餐服务
公关部	1. 负责餐饮广告的设计、制作与宣传； 2. 负责餐饮部各种菜单、酒水单、宴会邀请及美食节、大型会议期间宣传资料的设计与制作； 3. 负责特色餐饮活动的组织策划和接待安排
市场部	1. 负责餐饮市场调研； 2. 制订和执行酒店营销计划

3.与财务部的协调合作内容

餐饮部与财务部的协调合作内容如表 1-1-7 所示。

表 1-1-7 餐饮部与财务部的协调合作内容

部门名称	协调合作内容
餐饮部	向财务部提交各种准确的营业数据及报表
财务部	1. 根据餐饮部提供的营业数据和报表审核分析，做出经营情况分析报告，方便餐饮部管理工作； 2. 与餐饮部共同审核餐饮原料采购、毛利率制定、价格审议、售后结算等工作； 3. 负责餐饮营业收入的回收和统计； 4. 与餐饮部经理、厨师长一起负责食品和饮料的成本核算和销售价格制定

4.与工程部、保安部、人力资源部的协调合作内容

餐饮部与工程部、保安部、人力资源部的协调合作内容如表 1-1-8 所示。

表 1-1-8 餐饮部与工程部、保安部、人力资源部的协调合作内容

部门名称	协调合作内容
工程部	负责厨房各种设备和各餐厅空调、音响、照明等设备的维修及特别活动所需设备的安装
保安部	负责各餐厅、宴会场所及客人的人身、财务安全
人力资源部	1. 负责餐饮部员工的招聘、人事调动、奖惩、晋升及事故处理； 2. 负责餐饮部员工的入职培训，以及常规培训的计划、组织和实施

1.1.3 餐厅及其种类

无论是酒店的餐厅还是独立的餐厅，都有自己经营的主要特点。

餐厅及其种类　　中餐厅的经营特点

【探究活动】

请同学们扫描二维码学习"餐厅及其种类""中餐厅的经营特点"微课，讨论思考，开一家餐厅要具备哪几个条件？

1.餐厅的概念

简单讲，餐厅就是人们就餐的场所。据《法国百科大辞典》记载，餐厅一词的词源有"恢复精神气力"之意，后被注释为"为客人提供休息和食物、饮料以恢复体力精神的地方"。它首先在法国，继而在欧洲，最终在全世界成为餐厅的专用名词。

一般来说，餐厅必须具备以下三个条件：

①有一定的场所，即有一定的生产（供应）食品、饮料的设施和空间；
②能提供餐饮产品，即为公众提供有形的食品、饮料和无形的服务；
③以营利为目的，追求合理利润。

因此，餐厅是指为公众提供食物、饮料及服务的以营利为目的的就餐场所。

2.餐厅的种类

餐厅种类繁多、风格各异，各个国家和地区对餐厅的分类不尽相同。而且，随着客人餐饮习惯、就餐方式、口味喜好的发展变化，餐厅数量在快速增长，种类也在不断细分。

【探究活动】

> 我们的身边有各种餐厅，请你与你的小组成员尝试将不同的餐厅归类，并与同学们分享你们归类的根据和方法。

（1）按经营特色分

1）中餐厅

中餐厅是指主要向客人提供中式菜点，装饰布置、环境气氛、服务方式充分体现中华民族传统特色和文化底蕴的餐厅。中餐厅是我国酒店的主要餐厅，如图1-1-1所示。所有的星级酒店一般都会设置一个到几个不同风味的中餐厅，主营川、粤、鲁、苏、浙、闽、湘、徽等菜系，同时向客人提供不同规格、档次的餐饮服务。

2）西餐厅

西餐厅是以经营法、意、英、德、俄、美等欧美主要国家的菜式为主，装饰与布置体现欧洲文明的经典与辉煌，服务方式及气氛强调优雅、浪漫的餐厅（如图1-1-2所示）。其中，以扒房——高档法式餐厅最为经典。扒房以供应法式菜为主，一般装饰成法式宫廷风格，设施设备豪华优雅，菜单设计精美考究，就餐气氛高雅浪漫，多采用法式服务，供应全套西餐，装备了铁板烧和各种烹调小车，注重客前烹制。

图1-1-1　中餐厅

图1-1-2　西餐厅

3）咖啡厅

咖啡厅是大众化的西餐厅，也称"简便西餐厅"，主要供应咖啡、酒类饮料、简便西餐、时尚美食和风味小吃（如图1-1-3所示）。咖啡厅一般设在大堂连接的地方，营业时间长，服务快捷，价格相对适中，一般采用美式服务。

4）酒吧

酒吧是指以销售各种酒类和饮料为主，兼营各种香、脆、咸的佐酒小吃的场所（如图1-1-4所示）。酒吧一般必备三个条件：

①配备种类齐全和数量充足的酒水，并要按照贮存要求陈列摆放；

②要有各种用途的载杯；

③配备供应酒品必备的设备和调酒工具。

酒店中常见的酒吧种类有主酒吧、大堂吧、服务酒吧、康乐吧、迷你吧、宴会酒吧等。

图1-1-3 咖啡厅

图1-1-4 泳池吧

5）特色餐厅

特色餐厅具有鲜明的主题，围绕一定时期与地域的人物、文化艺术、风土人情、宗教信仰、神话传说等设计菜单、服务方式和程序及进餐氛围，满足客人对餐饮的多元化需求，并力求在社会公众中树立餐厅独特的形象（如图1-1-5所示）。

图1-1-5 特色餐厅

（2）按服务方式分

1）豪华餐厅

豪华餐厅建筑装潢豪华气派，就餐气氛高雅浪漫，菜单设计精美考究；菜肴由具有高技术水平的营养师和大厨亲自配制烹调，价格昂贵；卫生设施高档齐全；配备训练有素、服务技术全面、敬业精神强的资深侍者；名酿贮存丰富（如图1-1-6所示）。

图 1-1-6　豪华餐厅

2）餐桌服务型餐厅

餐桌服务型餐厅各具特色，是餐厅种类中的主流（如图 1-1-7 所示）。其建筑装潢上乘，就餐环境舒适，卫生状况良好，菜单内容丰富，价格适中，烹饪技术全面，服务讲究规格化、标准化、程序化，其接待对象以商务散客的会议、旅游团队为主。

图 1-1-7　餐桌服务型餐厅

3）柜台型餐厅

柜台型餐厅的厨房通常设在餐厅中央或一边，采用全透明操作方式。厨房四周设柜台和餐椅，能让客人亲眼看到厨师烹制菜肴的全过程。

4）自助式餐厅

自助式餐厅又分为三种形式，如表 1-1-9 所示。

表 1-1-9　自助式餐厅的三种形式

自助餐厅形式	特点
自助餐厅	该类餐厅将菜品和餐具按开胃品、热菜、烧烤菜、汤、甜品、水果等分类放置在装饰精美、台型设计考究的自助餐台上，客人自行挑选和取用自己喜爱的菜品，一般分就餐时段按位收费（如图1-1-8所示）
点菜式自助餐厅	将大部分菜品以半成品状态陈列，在客人点菜后烹制，客人按所点菜品的品种和数量付账
自助火锅餐厅	将大部分菜品以半成品状态陈列，还陈列主食、甜品、汤、水果、饮料等成品，由客人自行取用，在火锅内烹制，并按位计价收费

图 1-1-8　自助式餐厅

(3) 按经营方式分

1) 独立餐厅

独立餐厅指为个人或企业独立所有，自主经营，独立核算的餐厅。它不为联号所有，也不参加任何一个特许经营系统。

2) 连锁经营餐厅（直营连锁）

当投资人投资一家餐厅后，在经营得法、生意兴隆并达到营业目标后，通过自己投资或收购、兼并其他餐厅等方式在别的地点开同名的分店，就成为连锁餐厅。如我国的真功夫、海底捞等餐饮品牌。

3) 特许经营餐厅（加盟经营）

一些著名的餐饮公司通过出让特许经营权，在全球推广其品牌，并统一产品规格、标准，提供组织、预订、营销等方面的帮助。本地企业或投资者投资餐厅，使用出让方的品牌，按出让方的要求生产产品和提供服务，接受出让方的检查，并向出让方交付首期的特许费用和每月一定比例的联号费用。

（4）按接待客人的性质分

1) 零点餐厅

零点餐厅是指以接待散客为主，客人随到随点随烹，按实际消费结账，自行付款的餐厅（如图1-1-9所示）。

2) 宴会厅

宴会厅是指主要用于举办各种大型餐饮活动、会议、展览、文娱演出等，以接待团队客人为主的餐厅（如图1-1-10所示）。

图1-1-9　零点餐厅

图1-1-10　宴会厅

【小贴士】

绿色饭店和绿色餐饮

1.1.4 中餐厅的经营特点

随着生活条件越来越好，人们对用餐体验与品质的要求越来越高，餐饮要满足广大消费者的需求，需要做出自己的特色，提高菜品质量和服务质量，凸显品牌风格。

【探究活动】

> 如果你将来打算开一家餐厅，你打算开什么风格特点的餐厅呢？请跟大家分享你的想法。

1. 主题鲜明，风格独特

中餐厅的主题选择决定了餐厅的个性和特点，也决定了餐厅的装饰和布置。中华民族悠久的历史和灿烂的文化为中餐厅提供了广泛的主题选择，如以一定历史阶段为背景提供宫廷菜或官府菜，以某特定菜系和美食为主题供应风味菜，也可以风景名胜、民俗风情、历史人物、神话传说为主题，还可以花、鸟、虫、鱼等自然景观为主题，从而形成风格迥异的各种中餐厅。

2. 营业时间长，客流量大，不稳定

中餐厅的就餐客人有散客也有团队，因受各种因素影响，到餐厅用餐的客人人数不稳定，难以准确预估，厨房很难预测生产量，也给餐厅的经营管理带来了难度。即便如此，厨房还是要根据客人所点菜肴按时、按质、按量进行烹制，餐厅则要规范地为客人提供尽善尽美的服务。

3. 要求服务人员知识全面，技能娴熟，具有推销意识和随机应变的能力

因客人来自四面八方，有不同层次的需求，需要服务员具有全面的知识，善于察言观色，通过客人的穿着打扮、言谈举止、表情姿态来估计客人的心理需求，并有针对性地提供更好的服务，更好地推销餐饮产品。

【小贴士】

星级评定标准对餐饮的要求

任务2 餐饮产品

餐饮产品不仅仅是菜品，还有服务、用餐环境等，因此餐饮部不仅要关注菜品的质量，还要重视服务质量等。本任务引导学生了解什么是餐饮产品，熟悉餐饮产品的特点，并认识餐饮产品质量对服务的重要性。

【知识加油站】

1.2.1 餐饮产品的含义及特点

餐饮产品的含义及特点

任何行业都有自己的产品，餐饮业也不例外，但餐饮产品与其他行业的产品有些不同，我们需要学习了解餐饮产品是什么，有哪些特点。

【探究活动】

请同学们扫描二维码学习"餐饮产品的含义及特点"微课，思考讨论，餐饮产品由哪些成分构成？

 1.餐饮产品的含义

人们通常把具有实体形态、准备进入市场的物品叫作产品。与一般的产品不同，餐饮产品是一个包括菜点制品、餐饮环境和气氛、餐饮服务特色和水平、产品销售形式四大要素的有机组合体，其中，菜点制品是餐饮产品的主要因素和载体。因此，餐饮产品包括有形产品和无形劳务。

餐饮服务是指餐厅为客人提供有关餐饮消费的设施、餐具、食物、酒水和一系列服务行为的总和。

客人来到餐厅，在购买有形产品时，也同时购买了无形劳务。有形产品和无形劳务是一个组合体，这个组合体由四个独特的成分构成，如表1-2-1所示。

表1-2-1 餐饮产品的构成

成分	具体内容
辅助性设施、设备	餐桌椅、餐具、用品等
实物产品	菜肴、饮料等
显性的服务	客人能明显感觉到各种礼仪
隐性的服务	客人内心的感受

餐饮服务可分为直接对客的前台服务和间接对客的后台服务。前台服务是指餐厅、宴会

厅、酒吧等营业场所面对面为客人提供服务（如图1-2-1所示）。后台服务则是客人视线不能及的地方，如厨房、管事部等为前台顺利完成对客服务而进行的工作。前后台服务相辅相成，后台服务是前台服务的基础，前台服务是后台服务的继续和完善，只有前后台协调配合，才能为客人提供满意的优质服务。

图1-2-1　点菜服务

 2.餐饮产品的特点

餐饮部既生产有形的实物产品（如名目繁多的美味佳肴，如图1-2-2所示），又提供无形的服务产品（如优雅的就餐环境和热情周到的餐饮服务）。与其他产品的生产相比，餐饮产品的生产、管理和服务有其自身的特点。

图1-2-2　菜品

（1）餐饮有形产品的特点（如表1-2-2所示）

表1-2-2　餐饮有形产品的特点

特点	理解
规格多，批量小，品质不稳定	在客人进入餐厅、根据菜单分别点菜后，厨师才能组织菜肴的烹制，开始餐饮产品的生产、销售和服务。因此餐饮产品品质不稳定，给标准的统一和质量管理带来了难度
生产过程时间短	餐饮产品的生产、销售和服务几乎是同时进行的，能否在较短的时间内生产出令客人满意的优质产品，这对餐厅厨房的管理水平和厨师的技术水平都提出了较高的要求
生产量难以预测	客人餐饮消费具有较大的随机性，客人何时来、人数多少、消费什么餐饮产品，都有可能随时变化，因此餐饮生产量很难预测
餐饮产品及原料容易变质，生产成本变动大	餐饮产品的绝大部分原料都是鲜活原料，时间性和季节性强，若处理不当极易腐败变质，会增加生产成本。因此，必须加强管理才能保证产品质量并控制餐饮成本

续表

特点	理解
餐饮产品生产过程环节多,管理难度较大	餐饮产品的生产从餐饮原材料的采购、验收、储存、加工、烹制、服务、销售到收款结账,整个过程的业务环节较多,任一环节出现差错都会影响餐饮产品的质量及企业的经济效益

【小贴士】

交通情况影响餐饮产品的销售

（2）餐饮服务的特点（如表1-2-3所示）

表1-2-3　餐饮服务的特点

特点	理解
无形性	与有实物形态的菜肴、酒水等不同,餐饮服务在购买前看不见摸不着,也不能使用,更无法将其打包回家。餐饮服务只能在就餐客人购买并享用餐饮产品后,凭生理和心理的满足程度来评估服务质量的优劣
一次性	餐饮服务只能当次使用,当场享受,不能储存。这就要求餐饮企业接待好每一位客人,使每一位客人每一次都感到满意,才能使他们再次光顾,使"头回客"成为"回头客",并最终成为常客
同步性	餐饮产品的生产、销售和消费几乎是同步进行的,餐饮产品的生产服务过程就是客人的消费过程。这就要求餐饮生产及管理过程中要做到每一个环节的服务都能让客人满意,加强全面质量管理,确保餐饮服务的整体质量水平
差异性	餐饮服务员因年龄、性别、性格、受教育程度、工作熟练程度及工作经历等的不同,为就餐客人提供的服务也不尽相同;同一服务员在不同的场合、不同时间和不同情绪中,其服务方式、服务态度也会出现差异。因此餐饮部应制定餐饮服务质量标准、操作程序标准,使各项服务工作尽可能规范化、标准化,并在管理上做到制度化,从而缩小服务差异,保持餐饮服务质量的稳定

【小贴士】

投诉的影响　　　服务"SERVICE"各字母代表的含义

1.2.2　餐饮服务质量

服务质量是指服务能够满足规定和潜在需求的特征和特性的总和,是指服务工作能够满足被服务者需求的程度。这里所指的"服务"包含为客人所提供的有形产品和无形劳务,而"服务需求"是指客人的各种需求。

餐饮服务质量

【探究活动】

请同学们扫描二维码学习"餐饮服务质量"微课，思考讨论，怎样的服务质量才能让客人满意？

1.餐饮服务质量的概念

餐饮服务质量是指酒店餐饮部以所拥有的设备设施为依托，为客人提供的服务适合和满足客人生理和心理需求的程度。适合和满足客人的程度越高，服务质量越好，反之服务质量就越差。广义上的餐饮服务质量包含着组成餐饮服务的三要素，即设施设备、实物产品和无形劳务的质量，这三者共同构成一个完整的服务质量的概念。狭义上的餐饮服务质量指的是餐厅服务员的服务劳动所提供的质量。

2.餐饮服务质量的内容

餐饮服务是有形产品和无形劳务的有机结合，餐饮服务质量则是有形产品质量和无形劳务质量的统一。两者相辅相成，共同构成完整的餐饮服务质量的内容。

（1）有形产品质量

有形产品质量是指餐饮部提供的设施设备、实物产品和服务环境的质量，主要是满足客人在生理上、物质上的需求。

1）餐饮设施设备的质量

餐饮设施设备先进齐全、方便舒适，能够满足客人物质享受和精神享受需求，这是提高餐饮服务质量的物质基础和硬件要求。餐饮设施设备质量包括餐厅容量、餐饮环境布局、音响、家具、餐具等的齐备度、完好度和舒适度（如图1-2-3和图1-2-4所示）。

图1-2-3　餐饮设施

图1-2-4　餐具

2）餐饮实物产品的质量

①菜点酒水质量。这是餐饮实物产品质量的重要构成内容之一。

②客用品质量。餐饮服务过程中为客人提供的一次性消耗用品和多次性消耗用品的质量应与酒店星级相配。

③服务用品质量。服务员使用的各种用品要品种齐全、数量充裕、性能优良、使用方便、安全卫生。

3）餐饮环境质量

餐饮环境质量主要是指餐饮设施设备的服务气氛给客人带来感觉上的享受和心理上的满足。它包括餐厅高品质的建筑和装潢、合理的布局、富有特色的装饰风格、洁净无尘的卫生环境、舒适的温度和端庄大方的餐饮服务员，这些都能影响餐饮服务的环境氛围（如图1-2-5所示）。

图1-2-5 餐饮环境

（2）无形劳务产品质量

无形劳务产品质量是指餐饮部所提供的劳务服务的质量，主要是其适合和满足客人在心理上、精神上的需求程度。它具体体现在餐厅服务员的仪容仪表、礼节礼貌、服务态度、服务技能、服务效率和餐饮的安全卫生等方面。

【探究活动】

> 请同学们分小组讨论：如果要提升服务质量，服务员应从哪些方面着手？

1）礼节礼貌

餐饮服务中的礼节礼貌通过服务员的仪容仪表、语言谈吐、行为举止体现。服务员直接面对客人服务，他们的礼节礼貌直接关系着客人的满意度。餐厅所有人员要将礼貌服务贯穿于服务过程的始终。

2）服务态度

从迎宾、就餐到送走客人，整个餐饮的销售过程自始至终伴随着服务员的无形劳动。因此，服务员要用良好的服务态度去赢得客人的信任与好感，从双方一开始接触就建立起友善的关系。良好的服务态度是进一步做好服务工作的基础，是贯彻"宾客第一"服务意识的具体表现。

在餐饮服务中，良好的服务态度主要体现在：面带微笑，向客人问好，最好能称呼客人的姓氏（如图1-2-6所示）；主动接近客人，但要保持适当距离；含蓄，冷静，在任何情况下都不急躁；遇到客人投诉时，按处理程序进行，注意态度和蔼，并以理解和谅解的心理接受和处理各类投诉；在服务时间、服务方式上处处方便客人，并在细节上下功夫，让客人体会到服务的周到和效率。

图1-2-6　对客服务

3）服务技能

餐厅服务员的服务技能和服务技巧是服务水平的基本保证和重要标志。如果餐厅服务员没有过硬的基本功、服务技能水平不高，即使态度再好、打扮再美，客人也会礼貌地拒绝。服务技能的掌握，是一个由简单到复杂，经过长期磨炼逐步完善的过程。

4）服务效率

服务效率是服务工作的时间概念，是服务员为客人提供某种服务的时限。它不但反映了服务水平，而且反映了餐厅的管理水平和服务员的素质。为保证服务效率，必须对菜点烹制时长、规程、翻台作业时间、客人候餐时间等作出明确的规定并将其纳入服务规程之中，作为员工培训的指南和操作的标准。餐厅应该尽量消除就餐客人等候服务的现象。

5）安全卫生

餐厅安全对客人而言包括三方面：餐厅所提供的食物卫生安全，不会因为食物不洁而致病或中毒；就餐环境安全，即就餐场合的治安、秩序、防火防盗设施等能保障客人的人身财产安全；心理上的安全，即服务员的言谈举止能消除客人的焦虑不安。

清洁卫生是餐饮服务质量的重要内容，绝大多数客人认为卫生比食品价格、分量、营养价值等更重要。因此，餐厅企业应设置一个可行的、能被客人接受的卫生质量标准，包括厨房作业流程的卫生标准、餐厅就餐环境的卫生标准、各个工作岗位的卫生标准和餐厅服务员的个人卫生标准。

【小贴士】

优质服务质量标准三部曲

1.2.3　餐厅服务质量的特点

餐厅服务产品与其他产品不同，其服务质量也有其自身不同的特点。

【探究活动】

根据前面学习的内容，请与小组成员讨论：作为酒店餐饮部，其服务质量有哪些特点？

 1.构成的综合性

餐饮服务的实现有赖于餐饮计划、业务控制、设备维修保养、物资供应、劳动组合、餐饮服务人员的素质、财务等方面，以及餐饮环境、餐饮营销策略、餐饮价格策略等多方面的保障与协同配合，任何一个环节出现问题都会导致服务链条的断裂，影响服务质量的整体水平。

 2.显现的短暂性

餐饮服务的使用价值只能短暂地显现，比如微笑问候、介绍菜点等，一旦结束，留给客人的只是感受。如果客人感觉满意，评价高，不能保证下次也能获得好评；如果客人不满意，这次的服务不能返工，不能退换。短暂的时间限制对餐饮管理及服务人员的素质是一个考验，能否在短时间内很好地完成一系列工作任务，也是对服务质量的一种检验，餐饮管理者应督导员工做好每一次服务。

 3.内容的关联性

从餐饮产品生产的后台服务到为客人提供餐饮产品的前台服务有众多环节，而每个环节的好坏都关系到服务质量的优劣。这众多的工序与人员只有通力合作、协调配合，发挥集体的才智与力量，才能够保证实现优质服务。在这些服务过程中，只要有一个环节服务质量出问题，就会破坏客人对这次服务的整体印象。

 4.对服务人员素质的依赖性

餐饮服务的质量与餐饮服务人员的表现直接相关。餐饮服务质量是在有形产品的基础上通过服务人员的服务创造来表现的，因此对服务人员的素质有较强的依赖。这对服务员个人素质和情绪的稳定性要求较高，管理人员需通过培训、激励等方式提高服务人员的素质，发挥他们服务的主动性、创造性。满意的服务人员提供满意的服务，获得满意的客人。

 5.评价的主观性

尽管餐饮部自身的服务质量水平是一个客观的存在，但由于餐饮服务质量的评价是由客人享受了服务后，根据其物质和心理满足程度做出的，因而带有很强的个人主观性。客人的满足程度越高，其对服务质量的评价也就越高，反之亦然。因为无法要求客人必须对餐饮服务质量作出一些与客观实际相一致的评价，更不能指责客人对餐饮服务质量的评价可能存在偏见，这就要求餐饮服务人员在服务过程中通过细心观察，了解并掌握客人的物质和心理需要，不断改善对客服务，为客人提供有针对性的个性化服务，用符合客人需要的服务来提高客人的满意程度，从而提高并保证良好的餐饮服务质量。酒店餐厅服务质量调查表如表1-2-4所示。

表 1-2-4 酒店餐厅服务质量调查表

尊敬的顾客：
　　您好！为了不断提高餐厅的服务质量，非常感谢您能在百忙之中回答此次问卷，您的建议是我们宝贵的财富。
1.您对我们的餐厅环境、设备、音乐、装潢满意吗？
A.非常满意　　B.满意　　C.一般　　D.不满意
2.通过您本次用餐的过程，您对我们餐厅服务人员的仪容仪表满意吗？
A.非常满意　　B.满意　　C.一般　　D.不满意
3.您对我们餐厅服务人员的服务态度满意吗？
A.非常满意　　B.满意　　C.一般　　D.不满意
4.您对所点菜式上菜时间满意吗？
A.非常满意　　B.满意　　C.一般　　D.不满意
5.您对所点菜式的出品质量满意吗？
A.非常满意　　B.满意　　C.一般　　D.不满意
如果不满意,您认为我们还有哪些需要改进的地方？
_____
_____

【小贴士】

服务十注意

1.2.4 提高餐饮服务质量的意义

客人在餐厅用餐，除了在意菜品质量，还会在意服务员的服务质量，因此提高餐饮服务质量有着重要的意义。

【探究活动】

餐厅的服务质量很重要，请与小组成员讨论：餐厅服务质量的水平对酒店有哪些影响？

1.提高服务质量是餐饮业赖以生存和发展的生命线

著名旅游经济学家罗斯德对服务质量在饭店中的重要作用有非常精辟的论述，他所提出的"恶性循环分析理论"很能说明问题。

这个恶性循环的关键点是"服务标准降低"。要想突破恶性循环的锁链，关键在于提高服务标准，只有在服务质量上狠下功夫，才会以点带面，形成良性循环。所谓服务标准包括设备设施水准、服务水准、管理水准，这三个水准的高低与服务质量的优劣有着相同的内涵。服务质量关系到企业的声誉，关系到客源，关系到企业经济效益和经营的成功，甚至关系到国家的声誉。

 2. 提高服务质量是餐饮业竞争的需要

餐饮部门除了为住店客人提供服务，还为更多直接到餐厅消费的客人服务。这些客人虽然消费层次不同，却是餐饮经营的最大市场，他们为餐厅带来了相当数量的收入。

良好的服务质量可以影响客人的消费倾向和消费行为。谁能吸引非住店客人，谁就能在竞争中占领市场，取得成功。因此，不断提高服务质量，不仅是竞争的需要，还是在激烈的竞争中取胜所必备的重要条件。

 3. 服务质量是判断餐饮管理水平的重要标志

餐饮经营管理是一项复杂细致的工作，服务员的劳动对象是人不是物，实物产品仅仅是联系餐厅和客人的中介物，餐饮工作最终是人对人的服务。优秀的管理团队，能让服务员以更好的精神面貌和态度为客人提供更好的服务质量。可以说，服务质量是餐饮管理水平的综合反映，餐饮经营者管理水平的高低，直接影响着对客服务质量。

1.2.5 餐饮服务质量控制方法

餐饮服务质量控制方法有三个，如表1-2-5所示。

表1-2-5 餐饮服务质量控制方法

控制方法	具体做法
预先控制	做好餐饮服务员的培训，优秀的服务员才能带来优质的服务
现场控制	建立餐饮服务的标准规程，标准的服务规程一方面可以避免服务过程中出现差错和降低服务质量，另一方面可以方便酒店量化考核
反馈控制	及时收集对客服务信息，出现问题时能及时反馈，有效改进，促进服务质量不断提升

【探究活动】

请你与小组成员一起思考讨论，控制好餐饮服务还有哪些具体的办法？

任务3 中餐服务人员

无论哪一行业，在企业中起着决定性作用的始终是人。餐饮服务更需要众多员工的分工合作才能完成。为了使整个组织机构的活动能在统一指挥下步调一致，每一位员工和管理者都要熟悉自己的岗位职责和任务，因此每一个职位需要编制清晰的工作说明书。本任务主要根据中餐部的活动内容，选择几个具有代表性的岗位进行职责描述。

【知识加油站】

1.3.1 中餐服务人员的岗位职责

根据企业管理的原则，餐厅的组织结构中，每一个岗位都应该有清晰的岗位职责，每一位员工都应清楚自己的工作内容。

【探究活动】

> 结合你在餐厅吃饭的经历，与小组成员讨论，餐厅服务人员在岗位上应完成哪些工作任务？

1.餐厅经理岗位职责

直接上司：餐饮部总监（经理）。

直接管理对象：楼面主管、传菜主管。

具体职责：

①对餐饮部总监（经理）负责，及时汇报及请示工作。

②每日进行餐饮销售统计，每月制作营业报告，做好销售及市场分析，收集客人的反馈意见，协助餐饮部总监（经理）制定餐厅营业方针以及营销措施，并贯彻实施。

③协助餐饮部、营业部经理做好业务营销、广告宣传策划等。

④根据酒店制定的餐饮服务程序与标准，督导餐厅的服务工作，确保餐厅的正常运作。

⑤执行上级的指示，完成上级指派的各项任务或各类重要客人的接待工作。

⑥协调餐厅与厨房的关系，使之能密切合作。

⑦制订部门业务培训计划，有效地开展员工的培训工作及技能比拼活动。

⑧按照食品卫生法规定，严格遵守卫生管理制度，确保餐厅卫生达标。

⑨定期巡查餐厅设备设施的情况、餐厅的环境情况，发现问题应采取措施及时整改。

2.楼面主管岗位职责

直接上司:餐厅经理。

直接管理对象:值台服务员、迎宾员。

具体职责:

①协助餐厅经理工作,负责楼面财产如布草、餐具、餐厅用具、家具等的管理并做好发放工作,确保财产安全。

②协助做好员工的管理工作(含出勤、考核等)以及思想工作,稳定员工队伍。

③负责餐厅楼面的服务质量,做好个性化、细微服务以及重要接待、宴会的安排和督促检查工作。

④协助餐厅经理制订业务培训计划,督导员工培训工作,尤其是搞好现场督导,对发生案例进行分析总结,及时纠正、改进服务工作中的问题。

⑤加强与客户沟通,积极促销,稳定客户。

⑥保持与出品部门联系,了解每天供应品种,及时向客人推介,随时了解客人对出品及服务的意见,经统计分析后及时向上司及出品部反馈。

⑦及时妥善处理客人的投诉,并将资料归档,作为今后工作的借鉴。

⑧落实每周卫生工作计划,保持餐厅环境整洁清新,巡查餐厅防火、水电安全,确保餐厅的正常运作。

⑨做好开餐前的准备工作,如对新菜做特别介绍、检查餐具摆设情况、检查环境卫生情况等。

⑩做好收市后的收尾工作,如检查门窗是否关严、空调是否停止运转。

 3.传菜主管岗位职责

直接上司:楼面经理。

直接管理对象:传菜员。

具体职责:

①负责开餐前的检查工作,如检查当日的调料、配料、茶叶是否齐备,检查员工仪表仪容、个人卫生以及其他设备的使用情况等。

②负责妥善安排当班传菜员的工作,并督导其做好服务工作。

③负责楼面与厨房的衔接工作,严把出菜质量关。

④做好传菜员的业务培训工作,注重现场督导及培训。

 4.传菜员岗位职责

直接上司:传菜主管。

联系:厨房员工、值台服务员。

具体职责：

①开餐前负责准备好调料、配料和传菜夹、划单笔等，主动配合厨师做好出菜前的准备工作。

②负责领取消毒小毛巾。

③负责传菜间和规定地段的清洁卫生工作。

④负责将点菜单上的所有菜点按上菜次序准确无误地传送到点菜客人的值台员处。

⑤协助值台员将脏餐具撤回洗碗间，分类摆放。

⑥妥善保管点菜单，以备核查。

⑦积极参加培训，不断提高自己的服务水平和服务质量。

5.值台服务员（侍应生）和咨客岗位职责

中职高星级饭店运营与管理专业的学生毕业后除了继续升学的，一部分同学会走向企业实习单位，其中相当一部分同学会在值台服务员和楼面服务员的岗位实习（如图1-3-1和图1-3-2所示）。

中餐服务人员的岗位职责

图1-3-1 迎宾服务

图1-3-2 对客服务

【探究活动】

请同学们扫描二维码学习值台服务员和咨客的岗位职责，思考讨论，并完成表1-3-1和表1-3-2。

表1-3-1 值台服务员的岗位职责

直接上司	
具体职责	
1	
2	
3	
4	
5	
6	
7	
8	
9	
10	

表1-3-2 咨客的岗位职责

直接上司	
具体职责	
1	
2	
3	
4	
5	
6	
7	

【小贴士】

管事部岗位职责

职业点菜师

1.3.2 中餐服务人员应具备的素质和能力

作为一名中餐服务人员，不仅要有服务的技能，还应在思想、知识、身体等方面提升自己的素质和能力。

中餐服务人员应具备的素质和能力

【探究活动】

请同学们扫描二维码学习"中餐服务人员应具备的素质和能力"微课，思考讨论：中餐服务人员除了对客服务的基本技能，还应具备哪些具体的能力和素质？请具体举例描述。

 1.思想素质

良好的思想素质是做好服务工作的基础。中餐服务人员应具备的思想素质主要有：

（1）牢固的专业思想

中餐服务人员须充分认识到餐饮服务工作对发展旅游业及整个社会经济、文化事业的重要作用，热爱本职工作，忠于职守，不断学习，开拓创新，并培养自己具有"客人至上、服务第一""来者都是客、一视同仁"等服务意识。

（2）高尚的职业道德

中餐服务人员应始终把酒店和客人的利益放在第一位，服从领导，为人可靠，平易近人，性情开朗，还应具备满腔热情和乐于助人的精神，文明礼貌、不卑不亢的职业风尚，诚信无欺、真实公道的经营作风，廉洁奉公、谦恭自律的优良品质，团结友爱、顾全大局的处事风格。

（3）良好的纪律修养

中餐服务人员要自觉地遵守法律法规及酒店的各项规章制度，养成良好的习惯。

① 上班时穿整洁的工作服，按规定位置佩戴铭牌。
② 使用指定的员工通道、电梯。
③ 不迟到、不早退、准时打卡，不代他人、不请他人打卡。
④ 当值时间不擅离岗位、闲逛、干私活。
⑤ 当值时间不私用电话办理私人事务。
⑥ 当值时间不吃东西、不吸烟、不喝酒。
⑦ 不在公共场合高声喧哗或高声谈笑。
⑧ 不破坏公共设施设备。
⑨ 不与客人争辩，永不得罪客人。
⑩ 对一切工作不可敷衍了事，或借故推诿耽搁时间。
⑪ 不得擅取酒店或客人物品。
⑫ 不贪污、盗窃、行贿、受贿。
⑬ 不向客人索取任何物品和小费。
⑭ 不私换外汇。
⑮ 不酗酒、赌博或打架。
⑯ 不可利用职权营私舞弊、谋取私利、假公济私。
⑰ 不玩忽职守、违法操作，违反规程。
⑱ 不触犯国家刑事法律。

2.知识素养

良好的专业素养、文化素养和广博的社会知识，是做好中餐服务工作的需要。

（1）专业知识

中餐服务人员应懂得餐饮服务工作中所需的各项专业知识，如菜肴酒水知识、烹饪知识、营养与卫生知识、心理学知识、宴会知识、餐厅管理知识等，懂得各种服务礼节，并将问候、称呼、迎送、操作、应答礼贯穿于各个具体的服务环节中。

（2）文化基础知识

中餐服务人员除了熟悉餐饮服务知识和技能，还应了解营销知识、保健知识、酒店设备的使用和维修保养知识、旅游文史知识、旅游地理知识、音体美知识、民俗和法律知识、宗教知识、计算机应用知识、茶艺知识等。随着世界文化的不断交流，外国人对中餐也很有兴趣，喜欢中餐的客人越来越多，因此中餐服务人员还应具备一定的外语交流水平。

(3) 社会知识

广博的社会知识不仅能满足客人就餐需求，还能满足就餐之外的需求，是为客人提供个性化超值服务的必备条件。这些知识包括本酒店及关联企业的有关信息、本地区当前的热门话题和消费动向、城市发展和会展信息、周边的旅游资源、交通等相关信息以及土特产相关知识等。

3.能力素养

中餐服务人员在服务过程除了服务操作技巧，还需要针对不同的客人提供具有针对性的服务。

【探究活动】

请同学们在学习"中餐服务人员应具备的素质和能力"微课时，思考讨论，并完成表1-3-3。

表1-3-3 中餐服务人员应具备的能力

能力	能力描述
语言沟通能力	
操作服务技能	
观察应变能力	
推销能力	
服从和合作能力	

4.身体素质

(1) 健康的体魄

服务人员良好的身体素质是做好服务工作的保证。餐饮工作素有"日行百里不出门"之说，站立、行走、托盘、铺台等都要有一定的腿力、臂力和腰力，服务人员要有健康的体魄才能胜任此工作。

《中华人民共和国食品安全法》第四十五条规定：食品生产经营者应当建立并执行从业人员健康管理制度。患有国务院卫生行政部门规定的有碍食品安全疾病的人员，不得从事接触直接入口食品的工作。

从事接触直接入口食品工作的食品生产经营人员应当每年进行健康检查，取得健康证明后方可上岗工作。

(2) 健全的心理

服务人员还应有吃苦耐劳、承受委屈、宽容他人、性格开朗的品质，能够做到时刻保持提供优质服务的态度。

1.3.3 中餐服务人员的形象和礼仪

中餐服务人员的形象会给客人留下第一印象,关系到客人对整个酒店的印象,因此中餐服务人员的形象和对客礼仪尤为重要。

中餐服务人员仪容仪表和仪态

1.中餐服务人员的仪容仪表

中餐服务人员的仪容仪表在一定程度上体现了酒店的管理和服务水平。良好的仪容仪表能满足客人视觉美方面的需求和追求尊重的心理,同时也能使中餐服务人员赢得客人的赞许和亲近,而且还可能弥补某些服务设施方面的不足(如图1-3-3和图1-3-4所示)。

图1-3-3 女服务员的仪容仪表

图1-3-4 男服务员的仪容仪表

【探究活动】

请同学们扫描二维码学习"中餐服务人员仪容仪表和仪态"微课,思考讨论,并完成表1-3-4和表1-3-5。

表1-3-4 女服务员的仪容仪表要求

着装要求	

续表

发式标准	
面容修饰	
首饰要求	

表1-3-5 男服务员的仪容仪表要求

着装要求	
发式标准	
面容修饰	
首饰要求	

【小贴士】

个人卫生要求

2.中餐服务人员的仪态姿势

中餐服务人员除了整洁卫生的仪容仪表，还应在服务过程中注意对客的表情、姿态等。

微笑

（1）微笑

优雅得体的服务仪态能够体现中餐服务人员个人的综合素质，也能反映出服务人员的修养和精神面貌，更能给客人留下良好的印象。得体的服务仪态不仅能在服务人员与客人之间搭建起沟通的桥梁，确保良好的餐饮服务质量，更是提高餐厅整体形象不可或缺的重要组成部分。

微笑是世界上通用的语言，也是中餐服务人员对客人友好真诚的表达方式，可以拉近与客人之间的距离，给客人亲切的感觉（如图1-3-5和图1-3-6所示）。

①嘴角微微上扬，自然露出6～8颗牙齿。

②目光亲切，与客人交流时，眼睛注视客人的眼鼻三角区。

③口眼结合，表情轻松自然，发自内心真诚地微笑。

图1-3-5　微笑　　　　　图1-3-6　微笑训练

（2）手势

手势是一种无声的语言，可以弥补语言沟通的不足，在餐饮服务过程中是极为重要的体态语言（如图1-3-7～图1-3-10所示）。

手势

图1-3-7　请进手势　　　　　图1-3-8　指引方向手势

图1-3-9　请坐手势　　　　　图1-3-10　挥手道别

【探究活动】

请同学们扫描二维码学习"手势"微课，思考讨论，并完成表1-3-6。

表 1-3-6　中餐服务人员的手势

类型	具体要求
请进	
指引方向	
请坐	
挥手道别	

（3）鞠躬礼

鞠躬，就是弯腰行礼，表达对客人的尊敬、感谢或歉意。餐饮服务过程中常用到鞠躬礼，行礼时与客人以 2～3 步距离为宜，以腰部为轴，上半身向前倾（如图 1-3-11 和图 1-3-12 所示）。

鞠躬礼

图 1-3-11　15°鞠躬礼

图 1-3-12　30°鞠躬礼

【探究活动】

请同学们扫描二维码学习"鞠躬礼"微课，思考讨论，并完成表 1-3-7。

表 1-3-7 中餐服务人员的鞠躬礼

类型	动作要领	适用场合
欠身礼		
15°鞠躬礼		
30°鞠躬礼		

（4）站、走、蹲姿

服务过程中，中餐服务人员常用到站、走、蹲姿，优雅的动作会给客人带来愉悦的感受（如图 1-3-13 ~ 图 1-3-18 所示）。

站、走、蹲姿

图 1-3-13　服务员站姿

图 1-3-14　服务员走姿

图 1-3-15　女服务员正面蹲姿

图 1-3-16　女服务员侧面蹲姿

图 1-3-17　男服务员正面蹲姿

图 1-3-18　男服务员侧面蹲姿

【探究活动】

请同学们扫描二维码学习"站、走、蹲姿"微课，思考讨论，并完成表1-3-8。

表 1-3-8　中餐服务人员的站、走、蹲姿

姿态	动作要领
站姿	
走姿	
蹲姿	

（5）递送物品礼仪

递送物品时，应双手递送、接取物品（如图 1-3-19 所示）。

图 1-3-19　递送物品礼仪

①递送时，最好直接递至客人手中并且要方便客人接取。

②接取物品时，要缓而稳，不可急于抢取。

③双方相距过远时，要主动走近客人。

④递送带尖、带刃或其他易于伤人的物品时，应使其朝向自己或朝向他处，切不可朝向客人。

1.3.4　中餐服务人员的语言沟通礼仪

在餐饮服务中不仅有动作和表情的交流，更重要的是语言的沟通，无论是接听电话还是直接面对面的沟通，都需要注意语言沟通礼仪。

中餐服务人员的语言沟通礼仪

1.电话礼仪

在餐饮服务过程中，除了直接对客服务语言，还经常会接听客人电话预订，双方的电话语言交流体现了中餐服务人员的语言运用、表达能力。在接听电话服务过程中，中餐服务人员应自觉遵守有关的服务语言规范。

【探究活动】

请同学们扫描二维码学习"中餐服务人员的语言沟通礼仪"微课,思考讨论,完成表1-3-10。

表 1-3-10　接听电话的步骤

操作步骤	操作要求	对话用语举例
拿起话筒并告知身份		
确认客人身份		
记录信息		
再次确认信息		
结束通话		

【小贴士】

接听电话技巧

2.交谈礼仪

（1）常用礼貌用语

在餐饮服务中,避免不了与客人交谈,中餐服务人员文明、幽默的语言能让客人在轻松愉快的氛围中用餐,提升客人对餐厅的满意度。

①礼貌用语基本要求：说话用尊称,态度友好；语言文明、明确；说话婉转热情、优美悦耳。

②礼貌用语的"五声""十字"：

a.五声：客人来时有迎宾声,遇到客人有称呼声,受到帮助有致谢声,麻烦客人有道歉声,客人离去有送客声。

b.十字：您好、请、谢谢、对不起、再见。

（2）常规性称呼

在餐饮服务中,恰当的称呼既显示出中餐服务人员良好的修养和礼仪礼貌,又能给客人留下良好的印象。表1-3-11所示为常规性称呼。

表 1-3-11　常规性称呼

种类	适用情况	示例
泛尊称	不知对方姓氏、职务、职业等情况下	先生、小姐、夫人、师傅
姓氏称呼	知道对方姓氏或名字，尽可能用姓氏称呼客人	王先生、李小姐
职务称呼	在已知对方姓氏和职务的基础上，最好使用职务称呼，使客人产生一种地位感、成就感和自身价值得到认可的感觉	王总经理、李处长
职业称呼	在已知对方姓氏或姓名的基础上，又了解客人职业，最好使用职业称呼	王医生、李老师、陈工程师
头衔称呼	对地位高的人，用头衔称呼可使客人尊贵的身份得以体现	总理阁下、大使先生、张教授
亲昵称呼	对关系密切的客人，或酒店的常客，可视情况使用	大伯、叔叔、阿姨

（3）交谈礼仪基本要求

1）保持适当的沟通距离

中餐服务人员在与客人沟通时，适当的距离为 0.5～1.5 米。距离太远，客人感受不到友好和亲近；距离太近，会给客人压迫感。

2）得体的语言与态度

中餐服务人员在与客人交谈时，礼貌的称呼，得体的语言，和气的态度，真诚的微笑能让客人感到愉快，让沟通顺利进行。

3）语气语调亲切自然

中餐服务人员在与客人沟通时，语气语调亲切和蔼，容易让人产生亲近感，能够拉近同客人间的距离。

【小贴士】

恰当使用问候用语

回答来电

转线服务

接驳通话

留言记录重要资料

项目2　中式菜点与酒水知识

中餐服务员应掌握一定的菜点、酒水基础知识，并为客人提供菜点、酒水和非酒精饮料的专业介绍。中餐服务员需初步了解各种菜系、面点、酒水、茶饮和其他非酒精饮料的类型、特点、代表产品和制造方法，还需熟悉一定的菜品和酒水的搭配技巧，从而为点菜服务奠定知识基础。

【知识目标】

1. 掌握中国菜的特点和八大菜系的构成；
2. 熟悉中式面点的特点与流派；
3. 了解酒的概念和分类；
4. 了解酒的功能；
5. 掌握中国各类酒的知识；
6. 掌握各类茶的制作方法以及茶的基础知识；
7. 掌握知名中国茶；
8. 熟悉中国茶的保健知识；
9. 熟悉中国茶与点心搭配的基础知识；
10. 熟悉其他饮料的基础知识。

【能力目标】

1. 能够介绍中国八大菜系的组成、特点、烹饪方法以及代表名菜；
2. 能够介绍中国面点的特点、各流派面点特点、各流派的代表面点名称；
3. 熟悉酒的功效；
4. 熟悉各类酒的代表品种、酿制方法；
5. 了解基础的酒水推介要点；
6. 能介绍茶及其他软饮料的特点；
7. 能介绍中国茶的保健知识、与点心搭配的基础知识；
8. 能介绍其他软饮料的类型、特点、营养价值等基础知识。

【价值目标】

1. 激发学生对学习中式菜点、酒水知识的兴趣和研究精神；
2. 培养学生对我国辉煌灿烂、丰富多彩的餐饮文化的自豪感与文化自信；
3. 培养学生的优质服务意识。

任务1　中式菜点知识

中国作为世界公认的"三大烹饪王国"之一,有悠久的烹饪艺术历史。许多外国人来中国的目的之一,就是品尝地道的中国菜肴、了解中国的文化。中餐服务员应学习中餐烹饪和菜点的知识,以达到为客人提供优质菜点推介和搭配服务的要求。

【知识加油站】

2.1.1 中国菜的特点和构成

每个地方的食物都是与众不同的,且包含着这个地方的文化习俗。在中国,就有主流的八大菜系。中国菜不但能突出地方特色,也能与时俱进,因此受到许多外国人欢迎。

中式菜点知识

【探究活动】

> 请同学们扫描二维码学习"中式菜点知识",思考讨论,中国菜到底具备怎样的魅力呢?

1.中国菜的特点

(1) 历史悠久,源远流长

中国的烹饪历史悠久,源远流长。据文献记载,早在5000多年前,中国已有烤肉、烤鱼等食品。商朝伊尹五味调和,周朝出现称为"八珍"的名馔,对后世很有影响。历代厨师在长期实践中积累了丰富的经验和智慧,在古代的书籍中有不少的烹饪著作,其中代表作有南北朝的《食珍录》、元代的《饮膳正要》、清朝的《随园食单》等。另外我国的许多名菜名点均与历史典故相关。

据史料记载,汉代的张骞、唐代的鉴真和尚、13世纪的马可·波罗都参与了中国与亚欧诸国的餐饮文化交流。可见,中国菜的烹饪不仅历史悠久、技艺高超,还影响了周边的国家。

(2) 原料丰富,菜品繁多

我国幅员辽阔、地形多样、气候复杂,又有漫长的跨越寒、温、热三带的海岸线,物产资源丰富多样,为烹饪提供了坚实的物质基础:常用原材料丰富多彩,时令原材料层出不穷,稀有原材料奇异珍贵。

我国各地区的地理环境、自然气候、物产以及人民的生活习惯都不尽相同，因此各地区、各民族的菜肴风格都各具特色。长期以来，当地人民利用各种丰富多彩的特产，创造出了多种多样的具有地方风味特点并与之相适应的烹调方法，从而形成了各种地方美食。目前我国风味流派有 20 多种，各式风味名菜有 5000 余种，花色品种更在万种以上，是世界上任何国家都不能比拟的。

（3）选料讲究，配料巧妙

中国菜的烹调在原料的选择上非常精细、讲究。质量上逢季烹鲜，力求鲜活；规格上，不同的菜肴按照不同的要求选用不同的原料，有些菜肴甚至只能选择原料的某一部位或某一地区所产的特定品种的原料。如制作"糖醋里脊"必须选用里脊肉作为菜肴的主料，"北京烤鸭"必须选用北京填鸭，"清蒸鱼"必须用鲜活的鱼，川菜中的"麻婆豆腐""家常海参"必须用四川名特产品郫（pí）县豆瓣作为菜肴制作的调料等。

中国菜注重原料的形状、质地、色泽、口味、营养的合理搭配。不仅注重主料的选择，而且也注重配料的搭配。主、配料讲究形状、色彩、质地、营养等方面的搭配。同时，我国厨师还特别擅长用多种原料拼制平面、立体的花色拼盘（造型艺术拼盘、象形拼盘），这不仅使菜肴具有食用价值，而且还具有艺术欣赏价值。

（4）刀工精湛，善于调味

刀工是烹调的基本功之一，是菜肴制作的一个重要环节，决定着菜肴的定型和造型。中国菜在加工原料时讲究大小、粗细、厚薄一致，以保证原料受热均匀、成熟度一样。我国历代厨师经过长期实践总结，创造了片、切、锲、剁等刀工技法，能根据烹饪原料的特点和制作菜肴的要求，把原料加工成丝、片、条、块、段、粒、末、茸等。即使同一形状，也根据菜肴的不同要求，加工成各种形态。如同样是"片"，又可切成象眼形、柳叶形、菱形和月牙形等。为达到菜肴美化要求，常把原料加工成麦穗花块、荔枝花块、蓑衣花形、兰草花形等各种形状，并能巧妙地利用原料的质地，将原料雕镂成各种花、鸟、鱼、虫等不同形态，这样不仅便于烹制和调味，而且使菜肴外形美观。

中国菜的味型之多是世界上首屈一指的，除咸、甜、酸、辣、苦、鲜、香、麻等基本口味外，还根据季节的变化和食者的口味的不同，运用多种方法进行调味。中国各地方菜肴都有自己独特而可口的调味味型，如为人们所喜爱的咸鲜味、咸甜味、辣咸味、酸甜味、香辣味以及鱼香味、怪味等。厨师在制作菜肴的各个阶段，巧妙地使用各种调料和调和方法，便能做出味道各具特色的菜肴来。

（5）技法多样，注重火候

中国菜的烹调方法丰富多彩、精细微妙，有几十种常用的热菜烹调方法，如炸、熘、爆、炒、烹、蒸、焖、炖、煎、烤、烧等，还有十多种常用的冷菜烹调方法，如拌、炝、腌、熏、冻、风、腊、煮、卤、醉等。而且每一种烹调方法又可分为若干种形式，如"炸"包括干炸、软炸、酥炸、卷包炸等。运用不同的烹调方法，就能制作出口味不同、形态各异、色彩丰富的菜肴。

在烹调菜肴时，火力的大小和加热时间的长短是决定菜肴质量的关键。中国菜在烹制过程中使用的火力相当讲究：有旺火速成的菜肴，有用微火长时间煨煮的菜肴，也有旺火与微火兼用的菜肴。根据原料性质、菜肴特色不同而使用不同火候，从而使菜肴达到鲜、嫩、酥、脆等效果。

（6）盛器考究，艺术性强

古人云："美食不如美器。"中国菜不仅讲究色、香、味、形、质、养，而且对盛装的器皿也特别讲究，注重美食美器，对于造型各异的菜肴装在什么样式的器皿里都有严格的要求。中餐盛器品种多样、外形美观、质地精致、色彩鲜艳。精美的器皿，衬托着色、香、味、形、质俱佳的菜肴，犹如红花绿叶、相得益彰。这种食与器的完美统一，充分体现了我国独特的饮食文化特色。器为之美，色为之谐，名为之雅，三者的和谐统一，使中国菜给人以文化的熏陶和艺术的享受。

2.中国菜系的划分

菜系是指在选料、切配、烹饪等技艺方面，经长期演变而自成体系，具有鲜明的地方风味特色，并为社会所公认的中国菜肴流派。早在明清时期，我国就形成了"鲁、川、苏、粤"四大菜系，后来加上浙菜、闽菜、湘菜和徽菜，形成八大菜系。八大菜系因地理、人口、习俗的不同，在组成、特点、烹调方法、代表名菜四个方面也各不同，如表2-1-1所示。

表2-1-1 中国八大菜系

菜系	组成	特点	烹调方法	代表名菜
鲁菜（山东菜）	济南菜、青岛菜、孔府菜	调味醇正，口味偏咸鲜，具有鲜、嫩、香、脆的特点	以爆、扒见长，善用酱、葱、蒜调味	糖醋鲤鱼、德州扒鸡、葱爆羊肉、九转大肠、葱扒海参
川菜（四川菜）	蓉派、渝派盐帮菜	以麻辣著称，多用花椒、辣椒、胡椒、鲜姜和豆瓣酱等	小煎、小炒、干烧、干煸	回锅肉、鱼香肉丝、夫妻肺片、麻婆豆腐
苏菜（江苏菜）	淮扬菜、江宁菜、苏锡菜	以河鲜、海鲜为主，风格雅丽，形质均美	炖、焖、煨、焐	松鼠鳜鱼、常熟叫花鸡、无锡排骨、盐水鸭、太湖银鱼
粤菜（广东菜）	广州菜、东江菜、潮州菜	选料广博奇杂，口味以清淡为主	炒、炸、扒	脆皮乳猪、白云猪手、糖醋咕噜肉、三蛇龙虎会

续表

菜系	组成	特点	烹调方法	代表名菜
闽菜（福建菜）	闽南菜、闽西菜、福州菜	善用红糟调味，擅长制汤，善用糖醋	炒、蒸、煨	佛跳墙、淡糟香螺片、鸡茸金丝笋、醉糟鸡
浙菜（浙江菜）	杭帮菜、宁波菜、绍兴菜、温州菜	鲜嫩、软化、精细、鲜咸合一	炒、炸、烩、熘、蒸、烧溜、煎	西湖醋鱼、东坡肉、龙井虾仁、西湖莼菜汤
湘菜（湖南菜）	湘西山区风味、湘江风味、洞庭湖风味	一是辣，二是腊	蒸、炒、炖	腊味合蒸、冰糖湘莲、麻辣仔鸡、红烧全狗、吉首酸肉
徽菜（安徽菜）	皖南菜	重油、重色、重火攻	烧、炖、蒸	无为熏鸡、屯溪臭鳜鱼、八公山豆腐、清蒸石鸡

中国菜注重传承和创新，在现代的发展中也不断兼收并蓄，并且获得世界范围内权威的餐厅评级标准的好评；特别是在粤港澳大湾区的穗港澳三地，《米其林指南》中有多家中餐厅入选。

【小贴士】

米其林餐厅的由来

2.1.2 中式面点的特点与流派

中式面点是指以各种粮食为主要原料，配以丰富的颜料，经过调味、制馅（有的无馅料）、成形、熟制而成的各种主食、小吃，以及正餐筵席的各式点心。了解中式点心的基本知识，是中餐服务员的一大必修课。

中式面点的特点与流派

【探究活动】

请同学们扫描学习"中式面点的特点与流派"微课，思考讨论，我国几个重要的地方面点流派都有哪些特点，都有哪些代表面点？

1.中式面点的特点

面点，北方人习惯称为"面食"，南方人习惯称为"点心"，为了兼顾北方和南方的习惯，取"面食"和"点心"的第一个字"面"和"点"两个字合在一起，形成统一称呼——面点。

中式面点具有取材广泛、制作考究，品种繁多、风格各异，应时应典、寓情于典，重视馅心、讲究口味，技法多样、讲究生动逼真的造型等特点，如图2-1-1所示。

图2-1-1　南北各色面点

2.中式面点的流派

中式点心具有很强的地方性特点，根据地域、选料、口味及风味的不同，中式面点主要分为三大流派：京式、广式、苏式。

（1）京式面点

京式面点分布在黄河以北的大部分地区，以北京为代表，擅长制作面粉类点心，具有鲜明的北方风味特色。其点心制作精细，肉馅鲜咸，柔软松嫩。具有代表性的京式点心有四大面食（沙琪玛、饺子、京式拉面和小窝头）、一品烧饼、天津"三绝"（"狗不理"包子、"耳朵眼"炸糕和"十八街"麻花）、千层糕、豌豆黄（如图2-1-2所示）、芸豆卷、肉末烧饼、炒疙瘩、驴打滚（即豆面糕，如图2-1-3所示）、焦圈、烧麦、艾窝窝、京式月饼等。

图2-1-2　豌豆黄　　　　　　　　图2-1-3　驴打滚

（2）广式面点

广式点心分布在珠江流域及南部沿海地区，以广东为代表。最早以民间的米制品为主，后又汲取北方面点和西点的元素，具有独特的南国风味，馅心口味趋于清淡、原汁原味、滑嫩多汁。具有代表性的广式点心有鸡仔饼、皮蛋酥、冰肉千层酥、广式月饼、蛋挞、酥皮莲蓉包、刺猬包子、粉果、薄皮鲜虾饺、玉兔饺、干蒸蟹黄烧麦等（如图2-1-4～图2-1-6所示）。

图 2-1-4　弯梳虾饺

图 2-1-5　蜂巢芋饺

图 2-1-6　香煎萝卜糕

（3）苏式面点

苏式面点起源于扬州、苏州，发展于上海等地，以苏州为代表，具有种类繁多、花色美观、制作精细等特色。代表性的苏式点心有扬州三大名点（萝卜丝饼、黄桥烧饼和三丁包）、淮安文楼汤包、镇江蟹黄包、南通文蛤饼、无锡小笼包子、苏式船点（如图2-1-7所示）、苏式月饼等。

图 2-1-7　苏式船点

任务2　中国酒

俗话说："无酒不成宴。"对于客人而言，酒水的重要程度不亚于菜肴。对于餐厅而言，酒水销售是其创收的重要来源，因为酒水的利润率可达60%～70%，远高于菜肴的利润率。因此，中餐服务员要了解酒水知识。

【知识加油站】

2.2.1　酒的概念及分类

在中国，酒的历史比茶还长。1986年，在河南出土的一壶酒，就是3000多年前的古酒。酒渗透于整个中华五千年的文明史中，从文学艺术创作、文化娱乐到饮食烹饪、养生保健等各方面，在中国人生活中都占有重要的位置。

【探究活动】

请同学们分组讨论一下，日常生活中，酒都会出现在什么场合，会发挥什么作用呢？

1.酒的概念

酒是一种用粮食、水果等含淀粉或糖的物质，经过发酵制成的含乙醇的饮料（如图2-2-1所示）。酒的功效大致可以归纳为：使人精神振奋、刺激食欲、消除疲劳、加快血液循环、促进人体新陈代谢等。

图 2-2-1　各式酒饮料

2.酒的分类

（1）按照酒精浓度分类（如表2-2-1所示）

表 2-2-1　按酒精浓度分类

名称	酒精浓度	代表品种
低度酒	<20%	香槟酒、葡萄酒、低度药酒、黄酒
中度酒	20%～40%	竹叶青酒、白兰地酒
高度酒	>40%	茅台酒、五粮液酒、汾酒

（2）按照生产工艺分类（如表2-2-2所示）

表 2-2-2　按生产工艺分类

名称	代表品种	酿制方法
蒸馏酒	中国白酒、威士忌酒、金酒、白兰地酒、朗姆酒、伏特加酒	原料发酵后再进行蒸馏
发酵酒（酿造酒）	黄酒、啤酒、葡萄酒	原料发酵后直接提取或采取压榨法获取
配制酒	露酒、各种药酒、味美思酒、比特酒、茴香酒、波特酒、雪利酒	以原汁酒或蒸馏酒作为基酒，与酒精或非酒精物质进行勾兑，兼用浸泡、调和等多种手段调制而成

（3）按特点分类（如表 2-2-3 所示）

表 2-2-3　按特点分类

名称	特点
白酒	白酒是以谷物或其他含有丰富淀粉的农副产品为酿造原料，经发酵蒸馏而成的。白酒的酒精浓度一般在30%以上，属于高酒精含量的烈性酒。该酒无色透明，因此称为白酒
黄酒	黄酒也称压榨酒。绝大多数黄酒色泽金黄或黄中带红，没有经过蒸馏，酒精浓度低于20%
啤酒	啤酒是以大麦芽、酒花和水为主要原料，经酵母发酵酿制而成，包含二氧化碳的低浓度酒精饮料。啤酒于19世纪末传入中国。在西方，啤酒先于其他酒类出现在人类的生活中，所以西方学者把啤酒称为"酒类之父"
葡萄酒	葡萄酒是果酒的代表酒。果酒是以各种含糖分比较高的水果为主要原料，经过发酵等工艺酿造而成的一种低酒精含量的原汁酒。在各种水果酿造的酒中，以葡萄为原料酿造的酒称为葡萄酒，其他统称为果酒

2.2.2 酒的功能

酒是中国养生文化的精髓之一，喝酒是很有讲究的，什么时候能喝，怎么能喝出健康，才是最关键的。

【探究活动】

> 请同学们分组讨论一下，日常生活中，怎么喝酒才能喝出健康？

 1. 酒的营养、保健及医疗功能

我国中医有"医药源于酒"和"药食同源"的说法。酒能杀菌，在酒中加入各种中药材还能治疗疾病。

白酒、啤酒、黄酒、葡萄酒本身含有各种对人体有益的营养保健成分，白酒中的不饱和脂肪酸，啤酒、黄酒中的蛋白质、氨基酸，葡萄酒中的维生素、花青素等成分都是对人体健康十分有益的。适量饮酒在一定程度上可减少心脏病和脑卒中的发作危险。

 2. 酒的兴奋、怡神及欣赏功能

酒的主要成分是乙醇，人在饮用后会促进血液循环，会使血流速度加快、血管扩张、心跳加速、刺激神经中枢，使人精神兴奋，促进睡眠。

适量饮酒能使人精神振奋，心情愉快，激发人的想象力，并给人以精神上的享受。

 3. 酒的开胃、佐餐及消食功能

酒精、维生素B、酸类物质都有明显的开胃功能，适量饮酒能增加唾液和胃液的分泌，促进胃肠的消化和吸收，加快血液循环，促进新陈代谢，增强免疫力。但烈性酒常会抑制食欲。

4.酒的烹调美食功能

烹调时加入酒，可以解腥去腻，增加菜肴的美味。

5.酒的社交功能

人们常称举办宴会为"办酒"，请客为"请酒"，赴宴为"吃酒"。凡是重大的祭祀、喜事和其他社会交际等餐饮活动都离不开酒，没有酒就表达不了诚意，显示不出隆重，也毫无喜庆气氛可言。因此，酒可作为社会交际的媒介、沟通人际关系的纽带和友谊的桥梁（如图2-2-2所示）。

图 2-2-2　酒的社交功能

2.2.3　白酒知识

有人这样形容："只要有中国文化的存在，就会有中国白酒的存在。"换言之，只要中国炒菜和米饭还在，白酒就还在。

白酒的特点与香型

【探究活动】

> 请同学们扫描二维码学习"白酒的特点与香型"微课，思考讨论，白酒都有哪些特点？

1.中国白酒的特点

白酒，又称烧酒、老白干、烧刀子等，是以谷物及其他含有丰富淀粉的物质为原料，以酒曲为糖化发酵剂，经发酵、蒸馏而成的高酒精度酒。

中国白酒的酒液清澈透明、质地纯净、醇香浓郁、味感丰富、刺激性强。

2.中国白酒的香型

按酿造工艺不同，中国白酒的香型分为酱香型、浓香型、清香型、米香型、兼香型，如表2-2-4所示。

表 2-2-4　中国白酒的香型

香型	特点	代表品种
酱香型	酱色突出，酒体醇厚	贵州茅台酒

续表

香型	特点	代表品种
浓香型	芳香浓郁、清爽甘洌	四川泸州老窖、宜宾五粮液
清香型	清香醇正，余味爽净	山西杏花村汾酒
米香型	米香突出，香气清淡	广西桂林三花酒
兼香型	兼有两种以上主体香型	湖北白云边酒

3.知名中国白酒

1989年在合肥举行的中国名酒第五届评选会上，共评选出了17种名酒，分别是：茅台酒、汾酒、五粮液、洋河大曲、剑南春、古井贡酒、董酒、西凤酒、泸州老窖特曲、全兴大曲酒、双沟大曲、特制黄鹤楼酒、郎酒、武陵酒、宝丰酒、宋河粮液、沱牌曲酒。

4.白酒的感官鉴别

（1）看色（如图2-2-3所示）

白酒除了酱香型、兼香型和少部分浓香型微有黄色，其他香型的酒应该是无色透明的。如果出现浑浊、沉淀、悬浮物，则为不合格。冬季如白酒中有沉淀可浸在热水中加热到30～40℃，如沉淀消失为正常。

（2）观花（如图2-2-4所示）

用力摇晃杯子，酒的表面会形成一层泡沫，我们可以通过观察这层泡沫的密集程度来判断白酒的好坏。若形成的酒花绵密丰富，持续的时间很久，那就是纯粮食酿造的好酒；若酒花稀疏浅淡，消失的速度非常快，那就是用酒精勾兑的酒。

（3）闻香（如图2-2-5所示）

白酒的香味有溢香、喷香和留香。鼻腔靠近酒杯口就能闻到香气为溢香，也叫闻香；酒液入口腔后，香气立即充满口腔叫喷香；酒液咽下后，口中还余留香气叫留香。白酒一般都有一定的溢香，优质酒和名酒除有明显的溢香外，还应有喷香和留香。

（4）味感（如图2-2-6所示）

白酒的味，以醇厚、无异味、无强烈的刺激性为上品。好酒一经入口，则香气满口，咽下后余香绵长。

图2-2-3 看色　　图2-2-4 观花　　图2-2-5 闻香　　图2-2-6 味感

2.2.4 黄酒知识

黄酒是世界上最古老的酒类之一，且源自中国，唯中国有之，它与啤酒、葡萄酒并称世界三大古酒。黄酒酿制技艺堪称天下一绝，2006年绍兴黄酒酿制技艺被列入首批国家非物质文化遗产。

【探究活动】

请同学们讨论一下，日常生活中见过哪些黄酒？例如在家里或者在超市里面见过什么样式和类型的黄酒？

1. 中国黄酒的特点

黄酒又称老酒、米酒、压榨酒，是以稻米、黍米、黑米、玉米、小麦等为原料，经过蒸料，拌以麦曲、米曲或酒药进行糖化和发酵酿制而成的一种低酒精含量的原汁酒，酒精度一般在12～18度。黄酒的酒质醇厚幽香、味感谐和、营养丰富，并有健胃明目功能，可作名菜调料。

2. 中国黄酒的类型

黄酒酒类繁多，按照国家标准中黄酒的原料和酒曲来划分，可分为糯米黄酒、黍米黄酒、大米黄酒和红曲黄酒（如表2-2-5所示）。

表2-2-5 中国黄酒的类型

类型	酒曲	主要产区
糯米黄酒	以酒药和麦曲为糖化发酵剂	南方地区
黍米黄酒	以麸曲为糖化发酵剂	北方地区
大米黄酒	以米曲加酵母为糖化发酵剂	吉林及山东
红曲黄酒	以红曲为糖化发酵剂	福建及浙江

3. 中国黄酒的主要品牌

绍兴黄酒（如图2-2-7所示）目前在全国范围内是消费者唯一耳熟能详的品类。目前市面上的绍兴酒因为含糖量不同，大体分为由干至甜的四类，即元红酒、加饭酒、善酿酒、香雪酒。主要的绍兴黄酒品牌有古越龙山、塔牌、女儿红。

惠泉酒（如图2-2-8所示）是苏式老酒的典范，以无锡地下泉水和江南优质糯米为原料，采取半甜型黄酒的酿造工艺，在清代已是进献帝王的贡品。丹阳封缸酒（如图2-2-9所示）以"味轻花上露，色似洞中春"闻名，历史足以追溯到北朝。福建的龙岩沉缸酒技术工艺复杂，有着"不加糖而

图2-2-7 绍兴黄酒

甜,不着色而艳红,不调香而芬芳"的突出品质。湖北的房县黄酒属于半甜型黄酒,色玉白或微黄,酸甜可口。北派黄酒的佼佼者,则当数胶东半岛的即墨老酒,经典的即墨老酒焦香醇厚,和绍兴酒各擅胜场。

图 2-2-8　惠泉酒　　　　图 2-2-9　丹阳封缸酒

南方的客家娘酒(如图 2-2-10 所示)和客家黄酒在广东地区有着广泛的群众基础,因客家黄酒有着健身养颜的营养及保健价值,喝黄酒便成了客家人的普遍习俗,到了喜庆节日,客家人则更喜欢拿黄酒或者娘酒来款宴宾朋。新派客家黄酒的品牌代表有辰兰。

图 2-2-10　客家娘酒

4.黄酒的感官鉴别

①色:好的黄酒色泽应浅黄(山东即墨黄酒呈黑褐色)、澄清透明、光泽明亮,无沉淀物、悬浮物。

②香:好的黄酒香气浓郁,有独特的脂香,不带外来气味。

③味:好的黄酒入口醇厚稍甜,无酸涩味。

2.2.5　葡萄酒知识

"葡萄美酒夜光杯,欲饮琵琶马上催",葡萄酒是世界上非常古老的酒种类之一。葡萄酒作为现代中餐重要的佐餐酒,其特质和品鉴大有学问。

【探究活动】

请同学们讨论一下,日常生活中见过什么类型的葡萄酒?知道哪些国产知名葡萄酒品牌?

1. 葡萄酒的特征

葡萄酒的基本特征包括甜、酸、单宁、果香和酒体等。而品酒所"品"的也正是葡萄酒的这五个基本方面。好的葡萄酒不仅保持了葡萄的色、香、味，还含有葡萄的主要营养价值成分，适量饮用有益于身体健康。

2. 葡萄酒的种类

按照酒液色泽分类，葡萄酒可分为红葡萄酒和白葡萄酒、粉红葡萄酒三种类型（如表2-2-6所示），目前中国国内大多只生产前两种。

表2-2-6 葡萄酒分类

名称	特点	功能	中国著名生产商
红葡萄酒	酒液呈鲜艳的红宝石色，果香馥郁，酸甜适中，营养丰富	促消化，增加食欲，补益身体	烟台张裕葡萄酒公司和北京东郊葡萄酒厂
白葡萄酒	常做餐酒，含有肌醇、维生素及多种氨基酸	补血，强身，软化血管等	河北沙城酒厂（长城牌干白）和天津王朝葡萄酒公司（王朝牌干白）

3. 中国知名葡萄酒品牌

中国葡萄酒的类型非常丰富，几乎全世界的葡萄酒种类都能够在中国找到。中国精品葡萄酒和创新酿酒技艺发展迅速，除了传统的品牌如张裕、长城、王朝，目前在我国北纬25°～45°广阔的地域内又崛起了一批葡萄酒产区，如山东的九顶庄园、珑岱酒庄（拉菲罗斯柴尔德集团在蓬莱推出的第一个中国品牌），山西的怡园酒庄，宁夏的银色高地酒庄、蒲尚酒庄、贺兰晴雪，河北怀来的中法庄园、迦南酒庄，新疆的天塞酒庄、中菲酒庄，另外黑龙江、吉林、辽宁产区生产的葡萄冰酒也有一定的市场。

4. 葡萄酒的感官鉴别方法

（1）看（最好在白色背景下）

把酒杯侧斜45°后观察，此时，酒与杯壁结合部有一层水状体，它越宽则表明酒的酒精度越高。在水状体与酒体结合部，能呈现不同的颜色，从而显示出酒龄。白葡萄酒随着酒龄增长，颜色会渐渐变深；红葡萄酒随着酒龄增长，颜色会渐渐变浅。把酒倒入透明葡萄酒杯中，举至齐眼处观察酒体颜色，优质高档葡萄酒应具有相对稳定的颜色，其色度直接影响酒的结构、丰满度和后味。优质的干白葡萄酒澄清透明，干红葡萄酒优者色泽红亮（如图2-2-11所示）。凡是起泡的葡萄酒都有充足的二氧化碳，即倒入酒杯中泡沫很快升起，泡沫洁白、持久细腻。

图2-2-11 葡萄酒

（2）摇

手握高脚杯，缓缓摇动，让杯中转动的葡萄酒充分与空气结合，使葡萄酒的香气充满杯内，从而展露其特性。同时，可看酒从杯壁均匀流下时的速度，葡萄酒越黏稠，速度流得越慢，酒质越好。

（3）闻

闻酒前，最好先呼吸一口室外的新鲜空气。把杯子倾斜45°，鼻尖探入杯内闻酒的原始气味。偏嫩的酒闻起来尚有果味，藏酿有复合的香味。摇动酒杯后，迅速闻酒中释放出的气味，看它和原始气味相比是否接近。

葡萄酒的香气着重在果香和酒香上，干白葡萄酒既有水果的清香，又有陈酒的醇香，干红葡萄酒富有浓郁的酒香，起泡酒香气幽雅且具有酵母香气。

（4）品

喝下一小口葡萄酒，使其在口中打转，如果酒中的单宁含量高，口中会有干涩的感觉，因为丹宁有收敛作用，这说明葡萄酒还没有完全成熟。最好是口感酸、甜、苦、咸达到平衡。吐出或咽下酒液后，看口中的留香如何。

葡萄酒的味道应该是洁净而舒顺，味觉和谐完整、爽口清新。甜葡萄酒应兼备甘柔滋润、酸甜适口的风味；干葡萄酒应酸味突出甜味不显；半干葡萄酒则略有甜味；白葡萄酒清新纯正，柔顺爽口；干红葡萄酒味浓而不烈，醇和协调，滑润温和，不涩不燥，无刺舌之邪味。

【小贴士】

葡萄酒的最佳饮用温度

2.2.6 啤酒知识

许多人对于啤酒的认知似乎还停留在它是酒吧、小馆子和烧烤时的饮品，"难登大雅之堂"，其实近些年许多国家都流行起啤酒佐餐。啤酒与餐食的搭配其实也有简单原则，只要掌握啤酒的有关知识，就可以毫不费力地在餐桌上找到新的乐趣。

【探究活动】

请同学们分组讨论一下，我们能在餐桌上找到哪些啤酒配餐的新乐趣？

1.啤酒的特点

啤酒具有明显的麦芽和啤酒花清香，口味纯正爽口，内含丰富的人体必需的营养成分，且极易为人体所吸收，故啤酒在1972年被世界营养组织列为营养食品，有"液体面包"之称，深受人们喜爱。

2.啤酒的种类

按照啤酒的色泽（如图 2-2-12 所示），可分为淡色啤酒、浓色啤酒和黑色啤酒三种类型，如表 2-2-7 所示。

图 2-2-12　各种颜色的啤酒

表 2-2-7　啤酒的分类

名称	酒液颜色	特点
淡色啤酒	淡黄色、金黄色	淡黄色的口味淡爽，金黄色口味清爽而醇厚，两者酒花味都突出
浓色啤酒	红棕色、红褐色	麦芽香味突出，口味醇厚，酒花苦味较轻
黑色啤酒	深红褐色、黑褐色	麦芽香味突出，口味香浓、泡沫细腻，不同产品类型苦味差异大

3.中国知名啤酒品牌（如表2-2-8所示）

表 2-2-8　中国知名啤酒品牌

品牌名称	创立年份	品牌总部	荣誉
青岛啤酒	1903	山东青岛	中国名牌、中国驰名商标、中华老字号、中国500强品牌
雪花啤酒	1985	北京	中国驰名商标、中国十大啤酒品牌、行业领先企业
燕京啤酒	1980	北京	中国名牌、中国驰名商标、省级著名商标
山城啤酒	1958	重庆	中国名牌、中国驰名商标、较具市场竞争力品牌之一
哈尔滨啤酒	1900	哈尔滨	中国公认名牌、黑龙江省首届啤酒精品、国家名牌产品
珠江啤酒	1985	广州	中国驰名商标、中国名牌产品、绿色食品

4.啤酒的感官鉴别方法

（1）看外观

优质生啤的外观色泽应呈淡黄绿色或淡黄色，黑啤除外。啤酒还应看其透明色，经过滤的优质啤酒，经过迎光检查应透明清亮，无悬浮物或沉淀物。

（2）看泡沫

将啤酒倒入杯中，泡沫高且持久并洁白细腻，且有挂杯。优质啤酒泡沫持久性强，达 5 分钟以上。

（3）闻香味

将啤酒倒入杯中凑近鼻子嗅一下，优质啤酒应散发出新鲜啤酒花的香气，没有生啤酒花和老化气味及其他油香味。

（4）品口味

优质啤酒饮后口味纯正、爽口、醇厚，杀口感（酒中二氧化碳对口腔浓重而愉快的刺激感）强，没有氧化味、酸味、涩味、铁腥味、焦糖味等异杂味。

任务3　软饮料

软饮料指各种不含酒精成分的饮料，是酒楼、餐厅、酒吧中销售的饮料产品之一，许多软饮料在全世界范围内都非常畅销。在粤港澳大湾区，茶楼盛行，饮早茶习俗由来已久，提供茶水服务为中餐服务员的基本工作内容。此外，其他软饮料如果汁、碳酸饮料同样可以满足各年龄层餐厅消费者的品饮需求，是餐饮产品销售中的重要组成部分。为此，中餐服务员要了解茶和其他软饮料知识。

【知识加油站】

2.3.1　中国茶知识

我国人民早在隋唐时期就逐渐养成饮茶习惯，并传播至国外，形成了独特的茶文化。

中国十大名茶

【探究活动】

请同学们扫描二维码学习"中国十大名茶"微课，思考讨论，十大名茶都有哪些类型？

1.茶的分类

茶是以茶叶为原料，经过沸水泡制而成的热饮品或冷饮品。茶不但可以作为饮料供人们饮用，还对人体有一定的保健作用（如图2-3-1所示）。

按制作方法，茶可以分为全发酵茶、半发酵茶、不发酵茶三种。

图2-3-1　各类型的茶

（1）全发酵茶

全发酵茶即在制作时茶叶得以充分发酵的茶。红茶是其代表，因其茶色和叶底均呈红色而得名，代表有云南滇红、祁门红茶。

（2）半发酵茶

半发酵茶是用部分发酵工艺制成的，虽然经过发酵，但不是百分百发酵的茶。乌龙茶又称青茶，是半发酵茶的代表，它既是茶名又是品种名。名贵乌龙茶有台湾冻顶乌龙、福建武夷岩茶、安溪铁观音。

（3）不发酵茶

不发酵茶是茶叶摘下来不经萎凋，直接杀青而制成的，保有最自然清香原味的茶。绿茶是其代表，如西湖龙井、洞庭碧螺春等。

 2.中国名茶

茶叶起源于中国，传播于世界。中国茶的历史悠久，有各种各样的茶类品种及名茶，如表 2-3-1 所示。

表 2-3-1　中国代表名茶

种类	代表名茶
乌龙茶	武夷山大红袍、安溪铁观音
黑茶	普洱
白茶	白毫银针
红茶	祁门红茶、云南滇红
黄茶	君山银针
绿茶	洞庭碧螺春、西湖龙井、黄山毛峰、六安瓜片、信阳毛尖、庐山云雾

 3.茶的保健功能

茶不仅生津解渴，还可延年益寿、抗老强身，这在古代茶、医、药三方面典籍论述中都有记载。近代更有研究表明：茶对许多慢性疾病均有良好的防治作用，改善人体健康状况功效显著。常见的功效有延缓衰老、防癌抗癌、防治心血管疾病、消脂减肥、消炎止泻、养颜护肤、提神醒脑、利尿解乏、保护牙齿等，如表 2-3-2 所示。

表 2-3-2　各类型茶的保健功效

种类	保健功效
乌龙茶	清体内积热、减脂
黑茶	去腻化湿、轻身解毒
白茶	降压减脂、提神明目
红茶	暖胃健脾、消炎杀菌
黄茶	养脾养胃、消食化滞
绿茶	清热解毒、消脂解腻

4.茶与点心的搭配

茶点是在茶道中分量较小的精雅食物，是在茶的品饮过程中发展起来的一类点心。茶点既为果腹，更为呈味载体。如今，茶果茶点则是茶馆的必备品，其品种之丰富，制作之精美，且色、香、味、形俱佳，已成中华茶文化的又一大景观。茶席之上，茶与茶点的搭配，个人有个人的喜好，并没有什么固定的标准，但非要归类的话，可用一句话概括，即"生配甜，熟配咸，红配酸，白配淡，瓜子配乌龙"（如表2-3-3所示）。

表 2-3-3 各类型茶所适配的茶点

种类	适配茶点
普洱生茶	搭配一些糕点之类的清淡甜食，如雪花酥、酸奶酥（如图2-3-2所示）
普洱熟茶	各类坚果、高蛋白食品，如肉脯、肉干、煎饺、春卷
白茶	搭配的茶点需味道清淡，如米糕、坚果类、和果子等
红茶	适配淡酸味的点心，如蜜饯、果脯、酸枣糕、芝麻饼（如图2-3-3所示）、马卡龙等
黄茶	适合搭配低糖点心，如凤梨酥、山核桃、苏打饼、低糖蛋糕等
绿茶	搭配略微清甜的糕点，如绿豆糕、桂花糕、荷花酥、枣花酥（如图2-3-4所示）等
青茶	适合咸鲜口味的点心，如瓜子坚果、咸橄榄、腐乳饼、龙舌酥

图 2-3-2 酸奶酥

图 2-3-3 芝麻饼

图 2-3-4 枣花酥

2.3.2 其他软饮料

饮料是指以水为基本原料，以不同的配方和制造工艺生产，供人们直接饮用的液体食品。由于不同品种的饮料中含有不等量的糖、酸、乳、钠、脂肪、能量以及氨基酸、维生素、无机盐等营养成分，因此，饮料除了提供水分，还具有一定的营养。

【探究活动】

请同学们思考讨论，生活中能为我们提供营养的软饮料都有哪些类型？

在生活中，除了酒、茶，我们经常接触到的饮料还有咖啡、可可、牛奶、果汁、矿泉水、碳酸饮料等（如图 2-3-5 所示）。

图 2-3-5 软饮料

1.咖啡

咖啡是英文 Coffee 的译音,是世界三大饮料(茶、咖啡、可可)之一。咖啡具有振奋精神、消除疲劳、除湿利尿、帮助消化等功能。

2.可可

可可一词翻译自英文,被誉为"神仙饮料",是用可可树的种子——可可豆被磨成粉后制成的饮料。可可具有较高的营养成分,并具有独特的可可香味,可加工制成饮料和各种巧克力食品。可可饮料可分为可可(汁)、牛奶可可、咖啡可可等。

3.牛奶

牛奶含有丰富的供应人体热量的蛋白质、脂肪、乳糖和人体所需的最主要的矿物质(钙、磷)以及维生素。牛奶营养丰富,消化率高,容易被吸收,可以用来制成不同风味的饮料以供使用,如酸牛奶、热牛奶、冷牛奶、奶茶等。

4.果汁

果汁同样含有丰富的矿物质、维生素、糖类、蛋白质以及有机酸等物质,对人有很好的滋补作用。常见的果汁品种有橙汁、胡萝卜汁、西瓜汁、苹果汁、西瓜汁、玉米汁、椰汁等。

5.碳酸饮料

碳酸饮料是一种含有大量二氧化碳的清凉解暑饮料,是由水、小苏打、食用色素等原料按照一定比例调配而成的。可乐、雪碧、苏打水都属于碳酸饮料。

6.矿泉水

矿泉水是从地下流出来的、含有多种矿物质的泉水。它以水质好、无杂质污染、营养丰富而深受人们欢迎。矿泉水的品牌有很多,如农夫山泉、崂山矿泉水等。

项目3　中餐基本服务技能

中餐基本服务技能是中餐服务员必须掌握的基本技能，只有掌握了这些基本的服务技能，才能够在服务工作中完成最基本的服务操作。它既是服务工作的基石，也是一线服务工作的保障。

【知识目标】

1. 掌握托盘的使用方法、操作程序及标准；
2. 认识餐巾的来源和作用，明确餐巾花的种类，熟悉餐巾折花的基本技法；
3. 掌握斟酒顺序、斟酒量以及操作标准；
4. 掌握中餐零点餐台、中式宴会台的摆放要求和标准；
5. 掌握中餐上菜的服务流程和注意事项以及几种特殊菜肴的上菜方法；
6. 掌握分菜的操作流程与标准以及撤换餐具的方法和要领。

【能力目标】

1. 能够合理理盘，正确使用托盘托运物品；
2. 能够辨别不同餐巾花所使用的基本折叠技法，熟练折叠多款基础杯花、盘花；
3. 能够掌握葡萄酒的开瓶方法、技巧及侍酒流程；
4. 能够规范摆放中餐零点餐台、中餐宴会10人台；
5. 能够运用不同的上菜方法为客人上不同菜肴；
6. 能够自如运用分菜工具并规范分菜，规范撤换餐具、香巾和台布。

【价值目标】

1. 培养学生优质服务的职业意识和敬业爱岗的职业精神；
2. 培养学生的学习和创新能力，以及精益求精的工匠精神；
3. 培养学生不断精进技艺、不断学习的信心，以及灵活处理岗位工作的能力。

任务1　托盘技能

托盘是中餐服务员的好朋友，在整个餐饮服务过程中中餐服务员需要借用托盘完成一系列服务操作，因此如何使用好托盘是一名优秀的中餐服务员应该掌握的首要基本服务技能。

托盘基本常识

【知识加油站】

3.1.1　托盘的基本常识

托盘是中餐服务员在餐前摆台、餐中服务、餐后整理时会用到的重要岗位工具。

【探究活动】

请同学们扫描二维码学习"托盘基本常识"微课，思考讨论，并完成表3-1-1。

表3-1-1　不同种类的托盘对应的不同用途

分类	种类	用途
按原材料分	可分为_____托盘、_____托盘、_____托盘等	根据餐厅实际需要使用
按形状和规格大小分	长方形、圆形大托盘	用于托运_____等比较重的物品
	中号圆形托盘（内径大于32厘米）	用于在餐饮服务中托运_____等
	小号圆形托盘（内径30~32厘米）	用于递送_____等

3.1.2　托盘操作的要领

能够正确规范地使用托盘，是一名合格的中餐服务员应该掌握的首要技能。在各类餐饮服务技能大赛中，托盘技能一直占据着不可取代的地位，无论是多么繁复的比赛，都会给托盘技能一部分分值。

托盘操作要领

【探究活动】

请同学们扫描二维码学习"托盘操作要领"微课,看看托盘在运送物品过程中怎样操作才是规范的,完成以下填空题以及任务工单3.1.1。

托盘运送的操作步骤:

第一步:整理清洁托盘,垫上托盘垫。

第二步:装盘时注意( )、( )放在托盘靠近身体的位置,( )、( )放在远离身体的位置;先上桌的物品在( )、( ),后上桌的物品在下、在后;盘内的物品摆放整齐,( )分布均衡。

第三步:起托运送。

【小贴士】

托盘行走的技巧

任务2　餐巾折花

餐巾花在现代餐饮服务中虽然实际使用的花型并不多,但是餐巾折花依然是中餐服务员的一项重要基础技能,现在更是可以作为一种绝活儿为客人呈现,就好比烹饪中的食材雕刻出来的艺术品,中餐服务员也可以凭借一张毫不起眼的餐巾布折叠出让客人惊喜的餐巾花。因此餐巾折花既可以作为中餐服务员的基础技能,同时也可以作为一种独特的技艺。

餐巾折花

【知识加油站】

3.2.1 餐巾及餐巾折花基本知识

餐巾,又称口布,用餐时放在膝上或胸前的布巾(多用于西餐),是客人用餐时的保洁方巾。据说在十五六世纪时的英国,因为还没有剃刀,男人们都留着大胡子,在当时还没有刀叉的情况下,手抓肉食时很容易把胡子弄得全是油腻,他们便扯起衣襟往嘴上擦。于是,家庭主妇就在男人的脖子上挂块布巾,这是餐巾由来的一种说法。由于这种大块的餐巾使用时显得过于累赘,英国伦敦有一名裁缝想出了一个新主意——将餐巾裁成一块块的小方块,使用时非常方便,从而逐渐形成了现在宴席上用的餐巾。

餐巾花因其绚丽的色彩和逼真的造型，有美化台面、烘托气氛的作用，在宴席中经常根据餐巾花型的摆放位置来突出主次客人的席位。

【探究活动】

请同学们扫描二维码学习"餐巾折花"微课，思考讨论，完成表3-2-1。

表3-2-1 餐巾种类划分

分类方式	类型	对应花型
按盛放方式分类	右图花型属于_____类	
	右图花型属于_____类	
按外观造型分类	右图花型属于_____类	圆形仙人掌
	右图花型属于_____类	鸢尾鸟
	右图花型属于_____类	皇冠

餐巾花的摆放中，一般要求餐巾花主花摆放在主位上，其他餐巾花的摆放要高低均匀、错落有致。为了让客人更好地观赏到餐巾花，需要将观赏面朝向客人，不同类型的餐巾花最好错开摆放，能够让台面显得更加错落有致。

餐巾及餐巾折花基本技法

【探究活动】

请根据微课回答，餐巾花的折叠和摆放过程中要注意哪些问题？

（1）每一围台上花型需要突出_____、_____主人位；

（2）有头尾的动物造型应头朝_____，主人位除外；

（3）巾花观赏面向_____，主人位除外；

（4）巾花挺拔、造型美观、款式新颖；

（5）操作手法卫生，不用口咬、下巴按、筷子穿，手不触及_____及杯的_____。

请同学们扫描二维码学习"餐巾及餐巾折花基本技法"微课，思考讨论并完成任务工单3.2.1。

3.2.2 基础杯花的折叠方法

餐巾杯花，顾名思义是将餐巾花插入水杯里，按盛放方式进行分类，因此称为杯花。这是目前很多餐饮服务技能竞赛中所要求的餐巾花类型，所需的基本折叠技法较多，是考验餐饮服务人员基本技能掌握情况的重要标准。

餐巾折花——杯花

【探究活动】

请同学们扫描二维码学习"餐巾折花——杯花"微课，思考讨论并完成任务工单3.2.2。

【小贴士】

餐巾杯花入杯及摆放技巧

3.2.3 基础盘花的折叠方法

餐巾盘花相对于杯花来说，所采用的折叠技法相对较少，因此难度也相对简单，一般运用最多的是折、叠、卷、拉等技法，盘花所盛放的容器一般是客人所用的骨碟或装饰盘，因此称"盘花"。

餐巾折花——盘花

【探究活动】

请同学们扫描二维码学习"餐巾折花——盘花"微课，思考讨论并完成工单3.2.3。

任务3　斟酒技能

斟酒服务是餐饮服务的基本服务技能之一，但是现在的斟酒技能已经在逐渐简化，因为很多时候除了真正的西餐服务，服务员很少会在客人面前进行开酒的整个过程。现在无论是酒精饮品还是非酒精饮品，很多时候都是由服务员在备餐间装入醒酒器或分酒壶、扎壶里再呈到客人面前，由客人自由随性取饮，这样便省去了服务员很多工作内容。但作为一名专业的餐饮服务员，基本的斟酒技能还是需要熟练掌握的，以便以后应对各类服务要求和客人的需要。

【知识加油站】

3.3.1　葡萄酒的开瓶与侍酒

1.葡萄酒的分类

葡萄酒是用纯的、成熟的新鲜的葡萄酿制而成的酒。

（1）按照酒的颜色分类

①红葡萄酒，是深红色、鲜红或宝石红的葡萄酒。
②粉红葡萄酒，是酒介于红色与灰白色之间的葡萄酒。
③白葡萄酒，是淡黄色或金黄色的葡萄酒。

（2）按照酒中是否含二氧化碳可分类

①静酒，不含二氧化碳的葡萄酒。
②葡萄汽酒和气泡酒，含二氧化碳的葡萄酒。

（3）按酿造方式可分类

无发泡性葡萄酒、发泡性葡萄酒、强化葡萄酒。

（4）按酒的含糖量分类可分类

干型葡萄酒、半干型葡萄酒、半甜型葡萄酒、甜型葡萄酒。

（5）按饮用的习惯分类可分类

餐前葡萄酒、佐餐葡萄酒、待散葡萄酒（也称餐后葡萄酒）。

【探究活动】

请同学们扫描二维码学习"各式开瓶器的介绍""如何使用海马刀"微课，思考讨论并完成任务工单3.3.1中的相关实训任务。

2.葡萄酒侍酒前的准备工作

（1）酒的准备

开餐前，需要检查酒的质量，如发现瓶子破裂或有悬浮物、沉淀物时应及时调换。将检查好的酒瓶擦拭干净，分类摆放在酒水服务台或酒水车上。除此基本的准备外，酒的准备工作还包括对酒的温度的处理，比如白葡萄酒的最佳饮用温度为8～12℃，香槟酒和葡萄汽酒的最佳饮用温度是4～8℃，因此在这类葡萄酒饮用前需要进行冰镇处理。

各式开瓶器的介绍

如何使用海马刀

（2）酒具的准备

酒具是斟酒服务的必备用品，一般在侍酒服务中准备的酒具品种要与餐厅经营的酒品种相配。

3.葡萄酒的侍酒过程

（1）示酒

将客人所点的葡萄酒展示给客人，让客人确认酒标，从而确认即将要开的葡萄酒是自己所点的。

（2）开酒

使用专业开瓶器为客人进行开瓶。

（3）试酒

在正式斟酒之前，先斟一口的量给主人，让主人再次确认酒，这是第二次确认酒无误。如果客人在品尝了酒之后发现自己所点的酒并不是自己想要的那一款，那么他或许会再次购买新的酒。这个时候如果酒无误，也是主人向客人介绍酒的好时机。

（4）斟酒

在主人确定酒之后，按照主人的要求为其他客人斟酒。

葡萄酒斟酒服务

【探究活动】

请同学们扫描二维码学习"葡萄酒斟酒服务"微课，完成任务工单3.3.1中的相关实训任务。

3.3.2 中国白酒的侍酒

中国白酒在中餐厅是常见的酒类之一，中餐服务员经常需要为客人进行侍酒服务，因此需要掌握基本的白酒侍酒服务技能。

白酒斟酒服务

【探究活动】

作为中餐服务员，在工作岗位上很多时候都要为客人进行白酒的侍酒服务，请同学们扫描二维码学习"白酒斟酒服务"微课，完成任务工单3.3.2。

3.3.3 啤酒与黄酒的侍酒

我国最新的国家标准规定：啤酒是以大麦芽（包括特种麦芽）为主要原料，加酒花，经酵母发酵酿制而成的、含二氧化碳的、起泡的、低酒精度（2.5～7.5度）的各类熟鲜啤酒。

啤酒斟酒服务

【探究活动】

由于啤酒是有气泡的，因此在斟倒时很容易溢出，请同学们扫描二维码学习"啤酒斟酒服务"微课，完成任务工单3.3.3。

黄酒品种繁多，制法和风味都各有特色，主要产于中国长江中下游一带，以浙江绍兴的产品最为出名。黄酒是中国特色酒品之一，特别是古代人喜欢喝酒前加热黄酒，配上江浙一带的大闸蟹，简直妙不可言。虽然现在服务黄酒的机会比较少，但通过扫描二维码一起来了解一下其服务过程，同时回顾整个斟酒服务的知识点。

斟倒酒水服务

3.3.4 非酒精类饮品的服务技巧

在餐饮服务中，非酒精类饮品一般有茶、蔬果汁、碳酸饮料、咖啡、矿泉水等，在这一类的饮品服务中，需要注意根据客人所点的饮品选择对应的杯具，按照客人所点的分量（杯或者扎）来决定为客人上饮品时是先倒好还是上桌之后再斟倒。

【探究活动】

请同学们讨论思考并完成任务工单3.3.4。

任务4　中式摆台

摆台是在客人用餐前中餐服务员必须要做好的一项餐前准备工作。对于中餐服务员来说，摆台工作是日常基本任务之一，主要包括零点餐摆台以及宴会摆台，包含了餐巾折花、餐具摆放、托盘运用等多项基础技能，是一项融合性基础技能，考验中餐服务员对餐具的摆放、客人使用餐具的方便度、台面的美观度等多项内容的掌握，是能否成为优秀餐饮服务人员的一项重要考核内容。

【知识加油站】

3.4.1 中餐零点餐摆台及其标准

中餐零点餐摆台所需餐具相对较少，且就餐者无主客身份之分，只需要根据餐别准备物品即可，分为早餐摆台（如图3-4-1所示）和午晚餐摆台（如图3-4-2所示）。

将餐碟定位于座椅的正前方，相对餐碟与餐台中心成一直线，餐碟之间距离均等。中餐早餐摆台的程序主要有铺台布、骨碟定位、摆放汤碗汤勺、摆放筷架筷子、摆放餐巾花和公共餐具等。在餐厅服务员国家评价标准中，零点餐摆台评分标准如表3-4-1所示。

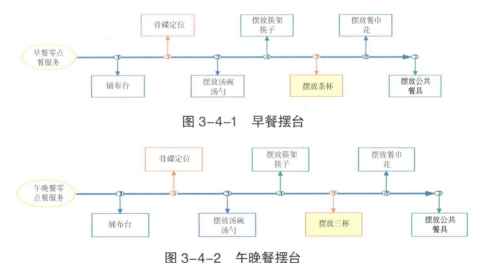

图3-4-1　早餐摆台

图3-4-2　午晚餐摆台

表3-4-1　零点摆台评分标准

项目			项目分值	操作程序及标准	分值	扣分	得分
餐前服务（15分）	中餐摆位（4人位，15分）	铺台布	2.00	顺时针在侧面铺台布，正面朝上，整理台布时手不触台布面	0.50		
				十字居中，中心线凸缝向上，且对准正副主人位	0.50		
				十字居中，中心线凸缝向上，且对准正副主人位	1.00		

续表

项目			项目分值	操作程序及标准	分值	扣分	得分
餐前服务（15分）1.00	中餐摆位（4人位，15分）	餐碟定位、餐碟	3.00	从主人位开始按顺时针方向摆位。餐碟定位准确，与桌边沿距离约1.5厘米，碟距均等	1.00		
				相对餐碟、餐桌中心、三点一线	1.00		
				拿碟手法正确（手拿餐碟边缘部分）、卫生，无碰撞	1.00		
		摆碗位、汤匙、味碟	2.00	摆位碗摆放餐碟左上方距离约1厘米	1.00		
				汤匙放置于摆位碗中，汤匙柄朝左	0.50		
				味碟摆放餐碟右上方，距离摆位碗约1厘米，与摆位碗成一直线	0.50		
		筷子架、筷子、长柄匙	2.00	双筷架摆放餐碟右侧，距离碟边约1厘米，与摆位碗、味碟成一直线	0.50		
				私筷摆放筷架左边，公筷摆放右边、长柄匙摆放筷架中间，公筷筷尾距离桌边沿约1.5厘米	1.50		
		葡萄酒杯、白酒杯、水杯	2.00	葡萄酒杯摆放餐碟中线的正上方	0.50		
				白酒杯摆放葡萄酒杯的右侧，水杯摆放葡萄酒杯的左侧（从餐位右侧上），杯肚间距约1厘米，三杯成一直线	1.00		
				摆杯手法正确（手拿杯柄或中下部）、卫生，无碰撞	0.50		
		折餐巾花三种	2.00	突出正、副主人位，整体协调，一次成型	0.50		
				在餐巾碟上折餐巾花，折叠手法正确、卫生	1.00		
				巾花观赏面面向客人（主人位除外），巾花挺拔、造型美观、花型逼真、美观大方	0.50		
		台花	0.50	台花摆放在台面正中间	0.50		
		餐椅	1.00	餐椅正对餐碟中心，餐椅之间距离均等	0.50		
				餐椅边缘距离餐台台布下垂部分约1厘米	0.50		

续表

项目			项目分值	操作程序及标准	分值	扣分	得分
餐前服务（15分）	中餐摆位（4人位，15分）	摆台后餐台、餐椅检查	0.50	检查餐位摆放是否符合标准、整齐	0.50		
	合计		15.00		15.00		

【探究活动】

同学们看出早餐台和午晚餐台摆放餐具时候的区别了吗？请思考讨论它们的区别在哪里，完成任务工单3.4.1。

3.4.2 中餐宴会摆台及其标准

中餐宴会摆台指的是根据客人的需求摆放好一张供 8～12 位客人用餐的圆形餐台，一般 10 人位餐台难度较大但也最为实用。中餐宴会摆台讲究将 10 位客人的餐具摆放均匀、对称、美观，这既是中餐服务员的基本功综合考核内容，也是考验中餐服务员是否真正理解餐饮服务内涵的一项内容。在餐厅服务员国家评价标准（如图 3-4-3 所示）中，中餐宴会摆台是中级服务员的必考技能之一，同时也是目前各类餐饮服务技能竞赛的内容之一。

宴会摆台铺台布

图 3-4-3　全国职业院校技能大赛酒店服务（中职组）赛项——中餐宴会摆台评分标准节选

宴会使用的台布大多为纤维质，由于一般使用的标准 10 人位宴会台的直径为 1.8 米，高度为 0.75 米，因此所使用的台布直径一般为 3.2 米，重量约 1 千克。这样的大小和直径对于很多中餐服务员来说是一个很大的挑战，因此铺台布也需要用到一些技巧。

【探究活动】

请同学们扫二维码学习"宴会摆台铺台布"微课，完成任务工单3.4.2中的相关实训任务。

铺完台布之后是中餐宴会摆台中难度最大的一个基本技能——骨碟定位，因为骨碟定位是否准确决定了最终台面的匀称度和美观度。由于台面是圆形的，10人位的骨碟没有准确的切线作为参考，因此即使是经验丰富的中餐服务员，依然会出现不均衡的情况，所以需要经过长时间的训练才能够掌握技巧，依靠眼睛和感觉找到准确的餐碟位置。下面我们通过微课来学习骨碟定位技巧。

宴会摆台骨碟定位

放汤碗、汤勺和味碟

放筷子架和银羹

摆放酒杯

【探究活动】

请同学们扫描二维码学习与宴会摆台相关的微课，完成任务工单3.4.2中的相关实训任务。

任务5　上菜服务

上菜服务技能主要在为客人提供用餐服务的时候用到，考验中餐服务员对菜肴的了解、菜式的摆放位置以及菜品之间的调整等，需要服务员能够灵活处理在为客人上菜的过程中发生的各种情况。上菜服务看似只是简单的上菜动作，但是贯穿在客人整个用餐过程中，会出现摆放菜品位置、合并同类菜、撤掉空盘等情况，服务员在相对忙碌状态下需要十分有条理地完成工作内容，这样才能避免客人投诉。

【知识加油站】

3.5.1　中餐上菜的注意事项

上菜服务

①中餐上菜时要注意为客人介绍菜式，因此服务员需要对菜肴的制作、搭配等非常熟悉，能够在客人问起的时候自如回复。

②中餐上菜需要在合适的位置，一般选择客人座位间距相对宽松的位置，尽量避免在老人或小孩的位置旁上菜。

③上菜时，若桌面上菜盘较多而无法上下一道菜时，服务员应征求客人意见，将剩余

菜量较少的菜肴换到小盘内或分发给客人，然后再上新的菜肴，切忌将新上的菜压在其他菜盘上。

④如遇汤羹、面条时，应主动为客人分让。上带壳（特别是海鲜类）的菜肴要及时跟上香巾或洗手盅，并向客人加以说明。

⑤如有菜肴迟迟未上，应及时向厨房查询，并向客人表示歉意。

⑥如发现客人餐桌上的菜肴快吃完时，服务员应主动询问客人是否需要添加菜品。

⑦如有小孩同桌就餐，一定要将热菜、汤羹远离孩子并提醒成年人注意。

⑧上菜时，服务员需认真核查菜单，以免上错菜。

⑨所有菜品上齐后，服务员应礼貌地告诉客人："您的菜上齐了，请慢用。"

【探究活动】

请同学们扫描二维码学习"上菜服务"微课，完成任务工单3.5.1。

【小贴士】

菜品摆放原则

3.5.2 中餐几种特殊菜肴的上菜方法

1.中餐上菜的顺序

冷菜—热菜—汤菜—甜品—点心—主食—水果

中式粤菜上菜顺序不同于其他菜系，是先上汤后上菜。

2.中餐上菜的原则

先冷后热、先菜后点、先咸后甜、先炒后烧、先清淡后肥浓、先优质后一般。

3.几种特殊的上菜方式（如表3-5-1所示）

表 3-5-1　几种特殊菜肴上菜方式

特殊菜肴	具体方法
易变形的炸、炒菜肴	一出锅即需立即端上餐桌
铁板类菜肴	以最快的速度端上餐桌，随即将菜肴倒至铁板上
炖品类菜肴	应将炖品上桌后再启盖，以保持炖品的原汁原味。揭盖时要将盖子翻转移开，以免烫水滴落在客人身上
带有包装的菜肴	先将菜肴端上台供客人观赏后，再拿到工作台上拆开包装
拔丝类菜肴	上桌时，温度很高，要迅速跟上凉开水。分让时用公用筷将甜菜夹起，迅速放入凉开水中浸一下，然后送入客人碗中，防止烫伤客人口腔

【探究活动】

请同学们思考讨论并完成任务工单 3.5.2。

【小贴士】

中餐上菜的时机

任务6　分菜服务

分菜服务是与上菜服务关联在一起的一项服务工作，主要是为客人进行菜肴的分配，讲究的是好菜与君共享，需要注意每位客人的分量均等、主配菜均等。作为中餐服务员，在学习分菜服务时，针对不同的菜式，要能够规范分菜的同时满足客人的用餐需求，给客人留下好印象。分菜很多时候是客前服务，因此需要服务员分菜技能娴熟，避免出现慌乱或失误。

【知识加油站】

3.6.1　中餐服务中分菜工具及其使用方法

分菜

 1.分菜的要求

①分菜一般从主宾位开始按顺时针方向一次进行，动作应主动、迅速。

②分菜时尽量做到一勺准、一叉准，菜量分让做到均匀一致，不要让客人有厚此薄彼的感觉。切忌出现一勺分两碟或多分后回收的现象。

③分菜完毕后，根据不同菜品的数量应有一定余量，以示菜品丰盛，也可让喜欢该菜的客人添加。如果是高档菜肴，应一次分匀、分光。

④分菜时要荤素搭配均匀、汁菜搭配均匀。头、尾、骨、刺等不能分给客人。

⑤分送菜品时，不可越位，更不可从客人肩或头上越过。

 2.分菜工具

分菜工具主要有分菜叉、分菜勺、公用勺、公用筷和长把勺等。

分菜工具的使用方法

①分菜叉勺：叉勺同时使用时主要用指夹法和左叉右勺法。

②公用勺筷：服务员右手拿公用筷，左手持公用勺，相互配合分让菜肴。

③长把勺：右手握勺把，分汤时使用；当需配合公用筷分让汤中菜品时，右手持筷，左手拿勺，勺在下方接挡，防止菜汁滴落。

【探究活动】

请同学们扫描二维码观看"分菜""分菜工具的使用方法"微课，完成任务工单3.6.1。

3.6.2 不同菜肴的分菜方式和注意事项

不同的菜肴一般会采取不同的分菜方式，不仅为了能够更好地分菜，同时也能够让客人感到舒适。常用的分菜方式有：桌上分让式、旁桌分让式、转台分菜法。

分菜注意事项：

分菜时要注意规范使用分菜工具，服务员应注重操作卫生。分菜时要根据客人人数平均分配菜式，避免分量不均，同时要预留至少一人份在菜盘里，以备客人继续添加。操作完毕后服务员要清洁整理好菜盘和分菜台，再为客人上菜。

【探究活动】

请同学们完成任务工单3.6.2。

任务7　撤换餐具

撤换餐具工作涉及的内容相对简单，主要是为客人服务的过程中撤换餐具、香巾、台布，是餐饮服务基础技能中比较简单的内容。此项技能虽然简单，但是也有很多细节需要注意，所以需要认真学习熟练掌握。

【知识加油站】

3.7.1 撤换餐具的步骤和方法

撤换餐具

1.撤换餐具的方法

（1）撤换方法

服务员把干净的餐具等放到托盘的一侧，左手托盘，右手从客人的右侧撤出餐具。从主宾开始，先将客人用过的餐具撤下放在托盘的另一侧，然后为客人替换上干净的餐具，顺时针方向进行。

（2）撤换注意事项

在撤换骨碟等餐具时，需要将干净的和用过的餐具严格分开，以免交叉污染。撤换时要待客人将碟中食物吃完方可进行，如客人放下筷子而菜未吃完，应征得客人同意后才能撤换。撤换时要边撤边换，撤与换交替进行。按先主宾后主人再其他客人的顺序进行，服务时站在客人的右侧操作。

为了显示宴会服务的规格和菜肴的名贵，突出菜肴的风味特点，保持台面卫生，在宴会进行的过程中，需要多次撤换骨碟或者小汤碗，重要宴会要求每道菜换一次骨碟，一般宴会换骨碟次数不得少于三次。下列情况需要更换餐具。

①上羹或汤之前，上一套小汤碗，待客人吃完后，送上毛巾，收回小汤碗，换上干净的骨碟。

②吃带骨头的食物时，及时更换骨碟。

③吃完芡汁多的食物后，换上干净骨碟。

④上甜菜、甜品之前更换所有的骨碟和小面碗。

⑤上水果之前，更换干净骨碟和上水果刀叉。

⑥残渣、骨刺较多或有其他脏物，如废纸、用过的牙签的骨碟要随时更换。

⑦客人失手将餐具跌落在地时要立即更换。

⑧吃完虾、蟹等手拿食物时，及时更换骨碟。

⑨撤换菜盘时，服务员站在副主人位的右侧用右手撤出菜盘，注意不要将汤汁滴洒在客人身上或者台面上，动作要轻、稳。

撤换酒具与撤换餐具的操作类似，操作时尽量避免酒具相互碰撞，以免发出声响，打扰客人。

【探究活动】

请同学们扫描二维码观看"撤换餐具"微课，完成任务工单3.7.1。

3.7.2 撤换香巾与台布的方法

 1.撤换香巾的方法

服务员将消毒后的香巾用小夹子夹放在香巾架内，摆放在干净的托盘内。服务员左手托盘，右手将香巾架放在客人右侧，由客人自取。也可以将香巾夹放在垫碟内，服务员将香巾直接夹给客人。

2.撤换台布的方法

①将脏台布的半边卷起露出餐桌,再将台面上的用品移到露出的餐桌上。

②将脏台布的另一半边卷起撤下,撤时注意不要将杂物撤在座位或桌面上。

③在未放用品的桌面上铺上干净的台布,铺时注意折缝与桌中线吻合,再将餐桌上的用品移到干净的台布上。

④将未铺台布的桌面全部铺上台布,注意台布四周下垂均等,再将台面用品按规定摆放好。

项目4　中餐服务技巧

零点餐服务和宴会服务是酒店中餐厅对客服务的两个重要工作环节。本项目主要针对零点餐和宴会服务的流程来讲解中餐服务的技巧。通过学习学生能够掌握零点餐服务和宴会服务的操作流程、餐饮产品的销售技巧和处理用餐过程中常见问题的技巧，并能够在将来的工作中为客人提供优质的服务。

【知识目标】

1. 掌握零点餐服务的工作流程；
2. 掌握中餐宴会席位安排的原则；
3. 熟悉宴会服务的环节。

【能力目标】

1. 能够提供零点餐服务；
2. 能够根据中餐宴会席位安排的原则安排席位；
3. 能够提供宴会服务。

【价值目标】

1. 培养学生礼貌待客、热情服务、主动推销的服务意识；
2. 培养学生细心、注重操作卫生的工作态度；
3. 培养学生主动推销、随机应变的工作能力。

任务1 零点餐服务

零点餐服务是指为随点随吃、自行付费的客人提供相应服务的服务方式。餐厅通常设散台，并接受预约订餐。零点餐厅营业时间长，就餐时间长，就餐时间不统一，客流量大且不稳定，服务接待的波动性较大，菜单上的花色品种要求比较全面。服务过程涉及迎宾员、值台员和传菜员三个岗位，服务员需具备较全面而娴熟的服务技能，还要具备推销意识和处理突发事件的应变能力。

【知识加油站】

4.1.1 预订餐位

现在由于网络信息的发达和餐饮业宣传手段的日益丰富，经常会出现人们在一些餐厅门前大排长龙的现象，同时越来越多的人到餐厅用餐前会选择预订餐位。对于就餐客人而言，预订餐位能够避免排队，对于餐厅而言，预订餐位能够保证餐厅的上座率，以及做好餐厅物资和人员准备方面的安排。

【探究活动】

> 请同学们思考，预订餐位的方式有哪些？

1.电话预订餐位

电话预订是用餐预订当中最常用的一种订餐方式，能否通过电话为客人做好订餐服务，会直接影响客人的服务体验。

电话预订餐位

【探究活动】

> 请同学们扫描二维码学习"电话预订餐位"微课，并对照表4-1-1电话预订操作流程，思考讨论，完成表格内容。

表 4-1-1 电话预订操作流程

服务程序	工作步骤	写出对应的服务用语
准备工作	准备当日的、清洁的预订簿和削好的铅笔	
接听电话问候客人	（1）三声以内接听电话，用清晰礼貌的语言问候客人； （2）报部门名和问候语时语音要清晰流畅，确保客人能够听清楚	

续表

服务程序	工作步骤	写出对应的服务用语
了解客人预订需求、查看预订本	（1）询问客人要求，了解客人用餐的人数、标准、用餐日期和到店时间及订位要求； （2）查看预订本，了解客人预订当天餐厅的预订情况，询问客人用餐目的	
询问客人预订资料	（1）询问预订客人的全名和电话号码； （2）如预订客人和用餐客人并非同一人，询问用餐客人全名和电话	
复述预订	复述客人的预订记录，确认预订	
确认保留时限	（1）告知客人保留座位的最长时限，并征询客人意见； （2）告知客人取消政策	
致谢	（1）感谢客人的电话预订，并表示期待客人的光临； （2）等客人挂好电话后再挂电话	
填写表格、发短信通知客人	（1）将客人的姓氏、电话号码、单位、用餐的具体时间、具体要求、所订台位详细记在预订记录簿上； （2）发预订信息到客人手机上，通知客人预订已落实	

【小贴士】

获取客人用餐需求小技巧

（1）预订的形式与方法

餐位的预订有三种预订形式：当面预订、电话预订、网络预订（如表4-1-2所示）。

表4-1-2 预订形式与方法

预订形式	适用情形	预订方法
当面预订	多用于中高档大型宴会、会议型宴会等重要宴会的预订	宴会预订员与客人当面洽谈，讨论所有的细节安排，解决客人提出的各类要求，讲明付款方式，填写订单，记录客人信息资料等，以便以后用电话或其他社交工具（如微信）与客人联系
电话预订	常用于小型宴会预订、查询和核实细节、促销等	宴会预订员与客人电话沟通，讨论所有的细节安排，解决客人提出的各类要求，讲明付款方式，填写订单，记录客人信息资料等，以便以后用电话或其他社交工具（如微信）与客人联系
网络预订	信息时代网络普及后新增的一种预订方式，适用于异地客人或者不方便到店的客人	通过线上讨论所有的细节安排，解决客人提出的各类要求，讲明付款方式，填写订单，记录客人信息资料等，以便以后用电话或其他社交工具（如微信）与客人联系

（2）餐厅预订人员应具备的素质

餐厅预订服务人员对餐厅的场地、菜品、菜品价格、酒水情况要了如指掌，并且能处理一些突发事故（如表4-1-3所示）。

表4-1-3　餐厅预订人员应具备的素质

应掌握的情况	具体素质要求
场地	了解餐厅场所的面积、设施情况，懂得如何适应客人要求并作出反应
菜品	清楚本餐厅各类菜肴的加工过程、口味特点，针对季节和人数变动，能对菜单提出相应调整的建议
价格	了解各个档次宴会的标准价格及同类酒店的价格情况，并有应对讨价还价的能力
酒水	熟悉与具体菜单相配的酒水
应变	能解答客人关于就餐安排提出的各种问题
总要求	具有该餐厅服务人员的专业素质及工作能力等

（3）用餐预订表

用餐预订表是记录客人预订资料的原始依据，是客人预订用餐的凭证，因此无论对客人来说还是对酒店来说都是非常重要的，服务员要掌握用餐预订表的填写方法。

填写预订表格

【探究活动】

请同学们根据表4-1-4，想一想哪些内容是需要餐厅预订人员填写的？

请扫描二维码学习"填写预订表格"微课，完成表4-1-4。

请完成任务工单4.1.1中的思考探究栏目。

表4-1-4　用餐预订表

订餐人姓名	联络电话	用餐人姓名	联络电话	人数	儿童（人数）	时间	台号	特别事项

经手人：　　　　　　　　　　　　　　　日期：

2.客人当面预订餐位

大部分客人会选择通过电话来预订餐位，但也有少部分客人会选择到餐厅进行现场考察以后，再决定是否预订餐位，因此做好客人的当面预订服务也是非常重要的一项日常工作。

当面预订餐位

【探究活动】

请思考：当面预订和电话预订在操作流程上有什么相同和不同之处？

请扫描二维码学习"当面预订餐位"微课，完成表4-1-5的笔记内容。

请完成任务工单4.1.2中的思考探究栏目。

表4-1-5 当面预订操作流程

服务程序	工作步骤	写出对应的服务用语
问候客人	主动向前来订餐的客人问好，双手递上本人名片，做自我介绍，并询问客人贵姓	
接受预订	（1）询问客人要求，了解客人的用餐人数、标准、用餐日期、到店时间及特殊要求； （2）查看预订簿，了解客人预订当天餐厅的预订情况； （3）按客人情况，带领客人参观餐厅，并确定台位； （4）向客人介绍菜单； （5）询问预订客人的全名和电话号码； （6）复述客人的预订要求	
告知客人取消预订政策	告知客人保留座位的最长时限，并征询客人意见	
致谢	对客人的预订表示感谢，并将客人送至大门处，向客人告别	
填写表格、短信通知客人	（1）将客人的姓氏、单位、用餐的具体时间、具体要求、所订台位详细记在预订记录簿上； （2）将客人的订单及时录入电脑系统； （3）发送信息到客人手机上，通知客人预订已落实	

【小贴士】

安排客人座位时的注意事项

 3.取消预订

预订完餐位的客人可能会因为各种原因取消预订，这个时候需要服务员及时为客人提供相应的服务，按照酒店的操作流程在酒店管理系统中取消订单，这样才能及时将餐位提供给其他有需要的客人。

取消预订

【探究活动】

请同学们扫描二维码学习"取消预订"微课，并完成表4-1-6。

请完成任务工单4.1.3中的思考探究栏目。

表4-1-6 取消预订操作流程

服务程序	工作步骤	写出对应的服务用语
准备工作	准备预订登记簿和削好的铅笔	
接听电话	（1）三声以内接听电话，用清晰礼貌的语言问候客人； （2）报部门名和问候语时声音要清晰流畅，确保客人能够听清楚	
查询资料取消预订	（1）聆听客人要求，询问客人订餐时的姓名或电话，帮助客人查找订单； （2）与客人确认订单资料，并礼貌询问客人取消预订的原因； （3）帮助客人取消预订并询问客人是否要做下一个阶段的预订	
告知客人取消政策	视客人是否有交订金的情况告知客人取消政策	
致谢	（1）感谢客人的来电； （2）等客人挂好电话后再挂电话	
短信通知客人	在电脑系统上取消客人的订单，并发送信息到客人手机上确认订单取消	

【小贴士】

订金的处理

4.1.2 餐前准备工作

餐前准备工作是客人用餐前的重要工作，准备工作除了要做好物品的准备，还有环境的准备。服务员对餐厅当天的菜品情况也要通过班前例会掌握，便于更好地开展对客服务工作。

1.班前例会

班前例会是餐厅营业前由餐厅经理或主管领班组织当班服务员召开的简短性工作会议，时间一般控制在15分钟以内。

【探究活动】

请同学们学习并讨论总结班前例会的内容有哪些，完成表4-1-7。

表 4-1-7　班前例会的内容

序号	工作程序	具体内容	想一想，写出每一个程序的作用
1	列队考勤	按照一定的顺序列队站好，由例会负责人进行考勤	
2	检查仪容仪表	例会负责人和同事之间相互问好后，用目测和逐一检查的方法检查服务员仪容仪表，对不合格的提出整改意见，并记录备案	
3	当班工作安排	明确当天重要客户接待安排和每名服务员的具体任务安排以及其他注意事项	
4	通报沽清/急推菜品	在例会上向所有服务员通报当日厨房沽清和急推菜品，提醒服务员点菜时要向客人推荐新菜品	
5	前日工作回顾	例会负责人回顾总结前一天工作表现，针对工作中表现好的地方及时表扬肯定，出现问题的地方予以批评，并总结经验，完善或调整服务流程、工作要求	
6	业务培训	英语、对客服务技巧、新菜品销售等业务知识培训	
7	传达酒店政策或部门工作协调	传达酒店政策和有关会议精神，知晓其他部门近期推出的服务产品或活动	

2.开餐前的环境卫生准备

环境卫生准备是当班服务员开展服务工作的首要任务，目的是为客人提供一个舒适、干净的就餐环境。

环境卫生准备

【探究活动】

请同学们扫描二维码学习"环境卫生准备"微课，讨论总结并完成表4-1-8。

表 4-1-8　环境卫生清洁

序号	清洁项目	具体清洁标准
1	地面	（1）地毯： （2）木地板或大理石：
2	墙面、门窗	

续表

序号	清洁项目	具体清洁标准
3	餐桌椅	
4	其他家具及电气设备	
5	绿色植物	

 3.开餐前的服务用品准备

餐前值台员要根据预订的情况和实际情况为所负责的区域配备足够的餐饮用具和服务用品。

服务用品准备

【探究活动】

请同学们扫描二维码学习"服务用品准备"微课中开餐前物品用具的准备流程。

学习表4-1-9的内容，结合视频中的内容进行总结。

请完成任务工单4.1.6中的思考探究栏目。

表4-1-9 餐厅物品用具检查标准

序号	类别	具体物品	检查标准
1	餐具	瓷器	无缺口、无裂缝、无污迹、清洁完好、保持光亮
		金属器皿	无弯曲、无污垢、无破损、保持光亮
		玻璃器皿	无裂缝、无缺口、无破损、无水迹、保持光亮
2	布件	台布、餐巾、小毛巾	清洁完好、洗涤干净、熨烫平整、无污迹、无褶皱、无破洞
		椅套	完好，无开缝、无开裂、无破损
3	服务用品	菜单、酒水单	整洁美观、准备充足、无油腻、无污迹、无破损
		桌面调味盅等公共餐具	清洁完好，无脏痕、无污迹，内装调料不少于2/3，调料无变质、发霉、沉淀
		餐桌、餐椅、沙发	安全、牢固、完好，无脱漆、开裂、破损
4	服务车	餐车、酒水车、服务车	清洁完好

【小贴士】

酱汁知识

4.1.3 迎宾入座

客人用餐前的迎宾、引位、入座等各种衔接服务是体现餐厅优质服务的重要环节，要求服务注重细节、热情规范的同时还要注重灵活性。

1.迎宾引位

当客人抵达餐厅时给客人留下良好的第一印象是非常重要的。服务员要为有预订的客人和没有预订的客人提供迎宾、入座的一系列服务，切忌在工作繁忙的时候，没有人在餐厅入口招呼客人。

迎宾引位

【探究活动】

请同学们扫描二维码学习"迎宾引位"微课，讨论总结并完成表4-1-10。

请完成任务工单4.1.7中的思考探究栏目。

表4-1-10 迎宾引位的流程

服务程序	工作步骤	写出对应的服务用语
准备工作	（1）提前15~20分钟到岗，备齐工作物品：预订簿、留坐卡、菜单、笔等； （2）做好交接班工作：知晓上一班遗留的工作执行情况； （3）参加班前会议：汇报当日预订情况、团体用餐计划、熟记重要客户预订资料； （4）清洁迎宾区域	
热情迎宾	（1）迎宾员按规定着装，仪容仪表端庄大方，立于指定位置，站姿优雅，必须保持抬头、收腹、肩平、面带微笑，目视前方，精神饱满地迎接客人的到来，不得交头接耳，不得倚靠门或其他物体； （2）当客人到达迎宾区域时，迎宾员应主动上前，面带微笑向客人行鞠躬礼，并热情地向客人问好和表示欢迎	
核对预订	（1）用礼貌用语询问客人是否已预订座位； （2）如有预订，则进一步询问客人预订的相关资料进行核对和确认预订； （3）如无预订，且餐厅还有座位，需要询问客人用餐的人数来安排座位； （4）如无预订，且餐厅客满了，需要向客人说明情况，建议客人在休息区等候	

续表

服务程序	工作步骤	写出对应的服务用语
引客入座	（1）将有预订的客人指引到预先安排好的座位，并询问客人对座位是否满意； （2）将无预订的客人安排到尚未安排的座位，并询问客人对座位是否满意； （3）安排等位的客人在休息区等位，并做好相应的服务工作	
拉椅服务	（1）迎宾员用双手将椅子平稳拉出，并微笑示意客人就座，应先照顾年长者或女士入座； （2）有需要时，帮助客人保管好脱下的外套	

【小贴士】

迎宾服务知识

 2.问位开茶

当客人入座后要及时根据客人的人数适当增减座位，提供递送菜单、铺放餐巾、服务热毛巾和茶水服务等一系列开餐前的服务工作。注意在服务的过程中，以客人、长者、女士或地位高者优先。

问位开茶

【探究活动】

请同学们扫描二维码学习"问位开茶"微课，讨论总结并完成表4-1-11。

请完成任务工单4.1.8中的思考探究栏目。

表4-1-11　问位开茶的流程

服务程序	工作步骤	写出对应的服务用语
与值台员进行交接	（1）将客人情况如姓名、人数、用餐目的简要告知值台员，方便其后续对客服务； （2）同时将值台员名字告知客人，方便客人称呼	
增减餐位	根据用餐人数进行餐位调整，同时调整座位及餐具间距，并撤去多余的餐具或补上所需餐具。全程使用托盘并轻声操作	
呈递菜单	站在客人右侧，将菜单打开至第一页，双手呈递给客人	

续表

服务程序	工作步骤	写出对应的服务用语
铺放餐巾、撤筷套	（1）站在客人右侧，拿起餐巾折成三角形； （2）轻轻地覆盖在客人的大腿上； （3）如筷子有筷套，要打开筷套封口，捏住筷子的后端并取出，摆在筷子架上。操作时注意手法的卫生	
服务热毛巾	（1）根据客人人数从保温箱中取出热毛巾（一般温度为40℃），值台员要站在客人左侧服务，一般按照女士优先、先宾后主的原则依次派送； （2）用毛巾夹将热毛巾放在客人左边的毛巾托上； （3）客人用完后马上把毛巾收回	
茶水服务	（1）询问客人喝什么茶，介绍茶叶品种，一般先名茶、后普通茶依次介绍，并说明收费标准； （2）站在客人右侧斟倒第一杯礼貌茶，根据客人人数将茶倒至茶杯里，以八分满为宜。一般按照先宾后主、女士优先的原则斟茶； （3）斟茶时注意卫生，手不能触及杯口，壶嘴不可触及杯沿，避免不慎将茶水倒在餐桌上	

4.1.4 点菜服务

随着生活水平的日益提高，人们对饮食的要求已经不仅仅是停留在吃饱的要求上了，因此服务员能够根据客人的特点为客人推荐适合的菜品，将成为一门重要的技能。

点菜技巧

 1.推销菜肴和酒水的技巧

推销是餐饮服务工作中重要的一环，能熟练掌握并运用推销技巧，对于餐饮销售可以起到积极的效果。在不同的时机，针对不同的客人，运用不同的方法来销售酒店餐饮产品，切忌在没有充分了解餐饮产品的情况下盲目地向客人推荐产品。因此，灵活运用好推销技巧非常重要。

【探究活动】

请同学们扫描二维码学习"点菜技巧"微课，讨论总结并完成表4-1-12。

表 4-1-12　推销菜肴的技巧

销售技巧	写出对应的服务用语
利用不同时机进行推销	（1）客人点了白切鸡后，其他客人又点了豉油鸡，你可以这样对客人说：
	（2）客人点的菜都是荤菜，你可以这样建议客人：
	（3）客人点的酸菜鱼已经卖完了，你可以这样对客人说：
	（4）在客人点的水蒸蛋，菜单上没有，你可以这样与客人沟通：
	（5）客人用餐过程中，你发现客人的酒水不够了，你可以这样建议客人：
	（6）在客人点菜的过程中，你可以这样向客人推销酒水：
针对不同客人进行推销	（1）当你为北方客人推荐菜肴时，你会怎样介绍广东菜？
	（2）当你为回族客人推荐菜肴的时候，你会推荐哪些广东菜给客人？
	（3）你要将银耳汤推荐给女士，你会怎样向她推荐？
	（4）对于带儿童的客人，你会推荐哪些菜肴给客人，如何跟客人沟通？
运用不同方法进行推销	（1）当客人犹豫不决时，推销时可以根据餐厅规定附加一些小利益，例如，客人买十张自助餐券可以额外赠送两张，你可以这样跟客人沟通：
	（2）客人对所点菜肴不够了解，你可以带客人参观实物，例如你建议客人去看看海鲜池里的海鲜，你可以这样对客人说：
	（3）利用特殊节日进行推销，比如情人节，你要向客人推销情人节套餐，你可以这样向客人推荐：
	（4）利用其他客人的好评帮助推销，例如，餐厅的红烧乳鸽在大众点评上评价非常好，你可以这样向客人推荐：
	（5）对所推荐的菜肴进行详细的描述，例如，你想向客人推荐一道砂锅鱼头的菜，你可以这样描述这道菜肴：

【小贴士】

菜品知识

2.点菜服务流程

点菜服务是服务员必须掌握的一项专业基本功,在餐厅的经营和销售中起着重要作用。服务员应能根据客人要求,结合当天菜肴的销售任务,做好菜品、酒水推荐,完成点菜、点酒水服务。

点菜服务流程

【探究活动】

请同学们扫描二维码学习"点菜服务"微课,讨论总结并完成表4-1-13。

请完成任务工单4.1.10中的思考探究栏目。

4-1-13 点菜服务流程

服务程序	工作步骤	写出对应的服务用语
接受点菜	(1)询问客人是否可以点菜了; (2)询问客人想点什么菜	
提供建议	(1)回答客人关于菜肴的提问; (2)根据客人的地区、爱好、年龄、职业等因素主动推荐菜肴; (3)根据客人人数控制好菜量和搭配,适时提醒客人; (4)根据客人所点菜肴主动推荐相适应的酒水	
准确记录	在点菜单上写清日期、台号、进餐人数、值台员姓名,所点菜肴和酒水的名字、分量和特殊要求	
复述确认	重复客人所点菜肴、酒水的名称和数量,以及特殊的要求,并与客人确认是否正确	
落单致谢	(1)收回菜单向客人表示感谢; (2)将点菜单分发到收银台、厨房、传菜员进行落单,自留一份存底	

【小贴士】

点菜服务的注意事项

4.1.5 上菜服务

及时、准确、安全地把菜肴摆放到客人桌面上,是让客人满意的基本条件。在用餐服务过程中,客人投诉最多的就是上菜速度慢,因此服务员要及时做好与厨房的沟通,保证上菜的速度,为客人提供良好的用餐体验。

上菜服务流程

中式餐饮的用餐服务有三种不同的服务方式：第一种是服务员将菜肴分好，再分派到客人面前，将菜盘中剩余的部分整理好放在餐台上，以便客人需要时添加；第二种是将每道菜配上适当的公用餐具，方便客人自取菜肴；第三种是摆放公用餐具，服务员协助客人分派菜式，一般指整鸡、整鱼。

【探究活动】

请同学们扫描二维码学习"上菜服务流程"微课，讨论总结并完成表4-1-14。

4-1-14　上菜服务流程

服务程序	服务要点	写出对应的服务用语
核对	（1）传菜员将菜肴传送到桌边，值台服务员核对菜单、台号、菜名、分量； （2）检查菜肴是否有异物，盘边是否有水渍、油渍	
菜肴展示	（1）新菜要放在主宾面前，以示尊重； （2）向客人介绍菜肴，表情自然，吐字清晰	
分菜	（1）征询客人的意见是否要分菜； （2）利用公用餐具，帮助客人把菜肴分好，并分派到客人面前； （3）将剩余的菜肴整理好，以便客人自己添加	
上菜服务要点	（1）上菜的位置：上菜位一般选择副主人的右侧或选择比较宽敞一些的位置。切忌到处上菜，尤其是在老人、儿童或主人位上菜，上菜前需提示客人。 （2）上菜姿势：首先调整公筷公勺的位置，双手上菜，手心向上，手指不得伸入盘中。 （3）上菜节奏：配料在上菜前要提前放好，第一道冷菜在客人点菜后5分钟之内上，冷菜吃到一半时上热菜。大桌菜肴较多，一般要求30分钟左右上完，小桌20分钟左右上完。如果是需要较长时间烹饪的菜肴，点菜时要告知客人	
菜肴摆放	（1）菜肴的观赏面要朝向客人。以菜肴的颜色、形状、口味、荤素、造型等为依据对称摆放，保持距离。随时撤去空盘，保持台面美观。 （2）若盘内菜肴较少，征求客人意见后，换成小盘。切忌盘子叠盘子，注意盘边干净	

【小贴士】

上菜的顺序　　　菜肴摆放的规范

4.1.6 席间服务

为客人提供细致、周到的席间服务，不仅能提高就餐接待的档次，还能为客人提供美好的服务体验感。席间服务几乎贯穿着餐厅服务的全过程，而且特别讲究服务的时机，值台员要根据服务标准和程序做好席间服务并能处理一些餐厅常见的突发事件。

席间服务

在客人用餐过程中，值台员应根据客人用餐情况及时撤换餐具、酒具，让客人可以享受到舒适的用餐环境和服务，能够体现餐厅的服务规范。

【探究活动】

请同学们扫描二维码学习"席间服务"微课，讨论总结并完成表4-1-15。

请完成任务工单4.1.12中的思考探究栏目。

表 4-1-15 席间服务操作流程

服务程序	服务要点	写出对应的服务用语
撤换骨碟	（1）左手托托盘，右手撤换，从主宾开始，沿顺时针方向进行。用过的骨碟和干净的骨碟要严格分开，防止污染； （2）更换骨碟要在客人的右侧进行，更换前要礼貌地提醒一下客人，但如果客人在交谈，则不要打扰客人	
撤换酒具	（1）左手托托盘，右手撤换。从主宾开始，沿顺时针方向进行； （2）撤换酒具要事先征得客人同意，注意端托安全，轻声操作	
撤换热毛巾	用托盘托着热毛巾，在客人的左侧为客人递上热毛巾，事先要提示客人	

在席间服务时，会出现一些突发事件或特殊情况，这时需要值台员有足够的应变能力，正确妥善地加以处理。常见突发事件或特殊情况及其处理方法如表4-1-16所示。

表 4-1-16 常见突发事件或特殊情况及其处理方法

突发事件或特殊情况	处理方法
客人所点的菜肴发生错漏现象	马上向厨房反映，请厨师为客人补烹或先煮，尽量缩短客人候餐时间，同时向客人道歉，请客人原谅
客人提出加菜要求	应观察分析，根据客人的需要开单下厨
不小心弄脏客人衣服	诚恳地向客人道歉，设法替客人清洁。在有条件和可能的情况下，免费将客人衣服送清洗部门清洗干净

续表

突发事件或特殊情况	处理方法
客人对菜肴的质量有意见	（1）应冷静考虑，认真对待； （2）若菜肴确实有质量问题时，应马上向客人道歉，并征得主管同意请求厨房协助，立即更换另一道质量好的菜肴送给客人，或建议客人换一个味道相似的菜式； （3）若确系客人无中生有、无理取闹，则应报告主管或经理，请他们出面处理

4.1.7 结账收款

结账服务意味着餐厅的对客服务工作即将结束，其服务质量直接影响客人对餐厅服务工作的评价，也关系到餐厅的经济效益。因此，服务员要重视结账这个环节，做好每个细节的工作。

餐厅常见的结账方式有现金结账、信用卡结账、签单结账、微信或支付宝结账等，服务员要按照客人的需求提供相应的结账方式。

现金结账服务流程

【探究活动】

请同学们扫描二维码学习"现金结账服务流程"微课，讨论总结并完成表4-1-17。

请完成任务工单4.1.7.1中的思考探究栏目。

表 4-1-17 现金结账服务流程

服务程序	服务要点	写出对应的服务用语
结账准备	（1）上菜完毕后，值台员要及时核对菜单，做好结账准备； （2）客人示意结账时，请客人稍候，马上去收银台打印账单，核对账单，一般情况下，客人没有示意结账时不能将账单递给客人； （3）将账单朝上放入账单夹内，确保账单夹打开时账单正面朝向客人	
递送账单	（1）走到客人右侧打开账单夹，右手持账单夹上端，左手轻托账单夹下端，递到客人面前，请客人查看； （2）提示客人核对一下总金额，不主动报账单总额； （3）等到客人核对完账单后，礼貌询问客人结账方式	
收款结账	（1）如果客人采用现金结账，应礼貌地在客人面前清点钱款，核对无误后请客人等候； （2）将账单及现金交收银员，核对收银员找回的零钱及账单第一联是否正确	
递交账单	将账单第一联及零钱（卡、发票等）放到账单夹内，返回站在客人右侧，将账单夹递给客人	

【小贴士】

准备账单的注意事项

餐厅的结账方式除了现金结账，还有几种方式可以满足不同客人的需求，扫描二维码来学习一下吧。

其他结账方式

【探究活动】

结账方式除了现金方式还会有哪些方式？参见表4-1-18。

表4-1-18　其他结账方式

结账方式	标准与要求
信用卡结账	（1）确认该信用卡餐厅能否接受，并查看信用卡的有效使用日期； （2）将账单和信用卡送到收银处； （3）请客人在账单和卡单上签字，并检查签字是否与信用卡上的一致； （4）将账单上联、信用卡卡单的客人存根页、信用卡还给客人，礼貌致谢
签单结账	（1）礼貌地请客人出示房卡； （2）请客人在账单上写清房间号（协议单位）并签名； （3）将账单交给收银员查询及处理； （4）告知客人支付成功
支付宝或微信结账	（1）礼貌地请客人出示支付宝或微信的二维码； （2）扫描输入金额支付成功后，告知客人支付成功
其他结账方式	（1）充值卡结账，操作与信用卡相似； （2）使用餐券结账，收取时应注意使用日期、面额、是否有酒店专用章、使用范围等

4.1.8　送客收尾

送客收尾工作是整个用餐过程的最后一个环节，通过送客服务巩固客人对餐厅的良好印象，同时也是收集客人用餐评价的好时机。收集客人意见有助于餐厅改进不足之处，提升服务质量。

送客收尾的服务

送客收尾工作分为两个部分，服务员完成送客服务后，回到餐桌对台面进行清理，将整个餐厅的用餐环境恢复到客人用餐前的状态，准备迎接下一批用餐客人。

【探究活动】

请同学们扫描二维码学习"送客收尾的服务"微课，讨论总结并完成表4-1-19。请完成任务工单4.1.14中的思考探究栏目。

表 4-1-19　送客收尾

服务程序	工作步骤	写出对应的服务用语
送客准备	客人准备离开时，主动上前为客人拉椅，友善提醒客人携带好随身物品，主动帮助客人取下衣架上的衣物	
致谢送别	向客人表示感谢，主动帮客人提大件行李或打包物品，把客人送到餐厅门口，主动帮客人按电梯，待客人进电梯，目送客人离开	
收尾整理	（1）恢复椅子：根据台面大小规格要求摆好椅子并再次检查服务区域是否有客人遗留物品，如有尽快还给客人，若客人已经离开，及时向主管或经理汇报，将物品上交并做好登记； （2）清理餐台：按照"一布草、二金银餐具、三玻璃器皿、四瓷器"的顺序收台，清理卫生； （3）更换台布，选择与餐桌大小相适应的台布，按照操作程序及标准铺台布； （4）摆台，按照零点餐摆台要求摆好用餐位； （5）检查，物品归类摆放整齐	

任务2　宴会服务

宴会是政府机关、社会团体、企事业单位或个人为了表示欢迎、答谢、祝贺等社交需要，以及庆贺重大节日而举行的一种隆重、正式的餐饮活动。宴会是酒店餐饮的重要经营项目，也是酒店重要的经济收入来源之一。宴会产品经营的好坏，不仅直接关系到酒店的经营收入，还直接关系到饭店的整体形象。餐饮服务过程涉及迎宾员、值台员和传菜员三个岗位，服务员需具备娴熟的服务技能和处理突发事件的应变能力。通过学习本节内容，学生能够在将来的工作岗位中承担为团体客人提供宴会服务的工作任务，具备良好的服务意识、娴熟的服务技能和宴会服务礼仪礼节。

【知识加油站】

4.2.1　中餐宴会的种类和特点

政府机关、社会团体、企事业单位或个人为了表示欢迎、答谢、祝贺等社交需要，以及庆贺重大节日都会举行隆重、正式的宴会。不同的客人和社交目的，需要不同的宴会形式。

中餐宴会的种类和特点

【探究活动】

请同学们扫描二维码学习"中餐宴会的种类和特点"微课，思考讨论并完成表4-2-1。

表 4-2-1 宴会种类及其特点

宴会种类		特点	适用范围
国宴		这种宴会规格最高，庄严而又隆重。宴会厅内悬挂国旗，设乐队演奏国歌及席间乐，席间有致词或祝酒，菜单和座席卡上均印有国徽，出席者的身份规格高，代表性强，宾主均按身份排位就座，礼仪要求严格	
正式宴会		这种宴会形式除了不挂国旗、不演奏国歌，出席者规格低于国宴，其余的安排大致与国宴相同。宾主同样按身份排位就座，礼仪要求也比较严格，席间一般都有致词或祝酒，有时也安排乐队演奏席间乐	
便宴		便宴多用于招待熟识的亲朋好友，是一种非正式宴会。这种宴会形式简便，规模较小，没有严格的礼仪，不用安排席位，不作正式致词或祝酒，宾主间较随意、亲切，用餐标准可高可低	
招待会	冷餐会	一种立餐形式的自助餐，不排座位，但有时设主宾席。供应的食品以冷餐为主，兼有热菜。食品有中式、西式或中西结合式，分别以骨碟盛装，连同餐具一起陈设在菜台上，供客人自取。酒水则由服务员端至席间巡回敬让。冷餐会对宾主来说都很方便，特别是省去了安排座次，消费标准可高可低、丰俭由人，参加人数可多可少，时间亦较灵活，宾主间可以拜会朋友、广泛交际	
	鸡尾酒会	一种立餐形式，它以供应鸡尾酒为主，附有各种小食如三明治、小串烧、炸薯片等。鸡尾酒会和冷餐会一样，都不需要安排座次。酒会举行的时间较为灵活，中午、下午、晚上均可，有时也在正式宴会前举行。请柬上往往注明整个活动持续的时间，客人可在其间任何时候到达或退席，来去自由、不受约束	
	茶话会	又叫茶会，是一种经济简便、轻松惬意的宴会形式。会上一般备有茶、点心和数样风味小吃、水果等。茶话会所用的茶叶、茶具要因时、因事、因地、因人而异，会客厅亦应布置得幽静、高雅、整洁，令人耳目一新	

【小贴士】

宴会的主要特点

4.2.2 中餐宴会席位的安排

中餐宴会设计台型时，首先要对服务区域进行总体规划，即确定主桌或主宾席区以及来宾席区的位置，确定餐桌与餐椅的布置要求，设置工作台，安排主席台或表演台，必要时考虑会议台型的区域分隔，统筹兼顾。

【探究活动】

请你与你的小组成员讨论宴会餐桌的排列应该根据哪些因素。台号设计必须符合客人的风俗习惯，不能触犯客人的生活禁忌，请举例说明。

1.中餐宴会的台型设计

台型布置时既要突出主台，又要排列整齐、间隔适当；既要方便客人就餐，又要便于服务员席间操作。通常宴会每桌占地面积标准为 10～12 平方米，桌与桌之间距离为 2 米以上。重大宴会的主通道要适当地宽敞一些，同时铺上红地毯，突出主通道。同时，应注意到一些西方国家习惯于不突出主台，提倡不分主次台的做法。

中餐宴会台型设计

【探究活动】

请同学们扫描二维码学习"中餐宴会台型设计"微课，思考讨论并完成表4-2-2。

表 4-2-2　台型布置原则

原则	解释含义
中心第一	
先右后左	
高近低远	

【小贴士】
台型布置

 2.中餐宴会的座次安排

宴会的座次安排就是根据宴会的性质、主办单位或主人的特殊要求，以及参加宴会客人的身份，确定其相应的座位。座次安排须符合礼仪规范，尊重风俗习惯，且便于席间服务。

中餐宴会席位安排流程

【探究活动】

请同学们扫描二维码学习"中餐宴会席位安排流程"微课，思考讨论并完成图4-2-1中两种10人位的正式宴会座次安排，座次安排用数字表示写在小圆圈旁边空白处。

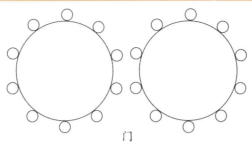

图 4-2-1　10人位的正式宴会座次安排

【小贴士】

中餐宴会的座次安排

3.中餐宴会席位安排流程

进行中餐宴会席位安排流程学习前，首先准备餐桌、台布各一张，以及主人位、主宾位、副主人位、第二主宾位、第三客人位、第四客人位、陪译位等席位卡，做好以上准备工作后，根据操作步骤进行宴会席位安排。宴会席位安排的检查和整理工作中，需检查有无漏摆席位卡，检查席位卡是否统一整齐摆放。席位卡应统一摆放在餐位右侧，正面朝向客人。

【探究活动】

请同学们扫描二维码学习"中餐宴会席位安排流程"微课，思考讨论并完成表4-2-3中的席位安排图示。

表4-2-3　中餐宴会席位安排流程

服务程序	工作步骤	席位安排图示
铺台布	（1）在主人位铺好台布； （2）台布铺放平整，无褶皱； （3）铺好的台布凸起的中线对准主人位和副主人位； （4）台布四周下垂均匀，无褶皱	
放置主人位、副主人位席位卡	（1）将主人位席位卡放置于宴会厅统一要求的位置，通常为正对宴会厅大门的位置； （2）将副主人位席位卡放置于主人位对面	（圆桌图示） 门口
放置主宾及第二主宾席位卡	（1）在主人位右侧餐位放置主宾位卡； （2）在副主人位右侧餐位放置第二主宾席位卡	
放置第三宾、第四宾席位卡	（1）在主人位左侧餐位摆放第三宾席位卡； （2）在副主人位左侧餐位摆放第四宾席位卡	
放置陪同、翻译位席位卡	（1）在主宾右侧餐位摆放翻译席位卡，如无翻译，则直接摆放陪同席位卡； （2）依次在其他餐位摆放陪同席位卡	

4.2.3 宴会服务的基本环节

中餐宴会是按照中式服务方法和传统礼节进行服务的，供应我国特色的名菜美点，使用中餐餐具，饮用中国名酒，是我国传统的具有民族特色的宴席，具有就餐人数多、菜点品种多、气氛热烈、接待服务要求高的特点，因此在宴会前要做好充足的组织准备工作。

【探究活动】

请同学们思考讨论中餐宴会服务有何特点。

1.宴会前的组织准备

宴会准备工作全部就绪后，宴会管理人员要做一次全面的检查，检查要点如下：

①服务员、传菜员等分派是否合理，餐具、酒水、水果是否备齐；
②摆台是否符合规范，各种用具及调料是否备齐并略有盈余；
③宴会厅的清洁卫生是否搞好，餐酒具的消毒是否符合卫生标准；
④服务员的个人卫生、仪表装束是否整洁，照明、空调、音响等系统是否正常工作。

以上工作都要一一进行仔细检查，做到有备无患，并及时召集餐前会。

宴会前的组织准备工作

【探究活动】

请同学们扫描二维码学习"宴会前的组织准备工作"微课，思考讨论，宴会台型布置有哪些要求？

表 4-2-4 宴会前组织准备工作的内容与要求

工作内容	工作要求
掌握情况	接到宴会通知单后，餐厅管理人员和服务人员应做到"八知"和"三了解"。"八知"是知台数、知人数、知宴会标准、知开餐时间、知菜式品种及出菜顺序、知主办单位或房号、知收费办法、知邀请对象。"三了解"是了解客人风俗习惯、了解客人生活忌讳、了解客人特殊需要。如果是外宾，还应了解国籍、宗教、信仰、禁忌和口味特点。 对于规格较高的宴会，还应掌握宴会的目的和性质，有无席次表、席位卡，有无音乐或文艺表演，有无司机费用等
明确分工	对于规模较大的宴会，要确定总指挥人员。总指挥在准备阶段要向服务员交代任务，讲明意义，提出要求，宣布人员分工和服务注意事项。 在人员分工方面，要根据宴会要求，对迎宾、值台、传菜、供酒及衣帽间、贵宾室等岗位有明确分工，要有具体任务，将责任落实到人。做好人力、物力的充分准备，要求所有服务人员思想重视，措施落实，保证宴会善始善终

续表

工作内容	工作要求
宴会布置	（1）场景布置。应根据宴会的性质和规格的高低来布置，要体现出既隆重、热烈，又具有我国传统的民族特色。 （2）台型布置。不仅是事务性工作，而且涉及社交礼仪等问题。应根据宴会厅的形状、使用面积和宴会要求，按宴会台型布置的原则，即"中心第一、先右后左、高近低远"来设计
熟悉菜单	服务人员应熟悉宴会菜单和主要菜点的风味特色，以做好上菜、派菜和回答客人对菜点提出询问的准备。同时，应了解每道菜点的服务程序，保证准确无误地进行上菜服务。对于菜单，应做到能准确地讲出每道菜的配菜和配食佐料，能准确知道每道菜肴的制作方法，能准确服务每道菜肴
物品准备	席上菜单按每桌1~2份置于台面，重要宴会则人手一份菜单。菜单要求封面精美，字体规范，可留作纪念。根据菜单的服务要求，准备好各种银器、瓷器、玻璃器皿等餐酒具。每一道菜要求准备一套餐碟或小汤碗。根据菜肴的特色，准备好菜式及其配食佐料，同时备好茶、饮料、香巾，上好调味料器，将各类开餐用具摆放在规定的位置，保持内外雅洁整齐
摆设冷盘	大型宴会开始前15分钟摆上冷盘，然后根据情况可预斟葡萄酒。冷盘的摆放要注重色调和荤素搭配，保持冷盘间距相等。如果是各客式冷盘则按规范摆放。冷盘的摆放应给客人赏心悦目的艺术享受，应为宴会增添隆重而又欢快的气氛

 2.宴会的迎宾工作

迎宾员是客人到达酒店后最早接触的服务人员，迎宾工作的品质将会影响客人对酒店的第一印象。因此热情周到的迎宾服务，是非常重要的。

宴会的迎宾工作

【探究活动】

请同学们扫描二维码学习"宴会的迎宾工作"微课，思考讨论并完成表4-2-5中的服务用语。

表4-2-5 宴会的迎宾工作内容

工作内容	工作要求
热情迎宾	根据宴会的入场时间，宴会主管人员和迎宾员提前在宴会厅门口迎候客人，值台员站在各自负责的餐桌旁准备为客人服务。客人到达时，要热情迎接、微笑问好。待客人脱去衣帽后，将客人引入休息间就座休息
服务用语	
接挂衣帽	如宴会规模较小，只需在宴会厅房门前放置衣帽架，安排服务员照顾客人宽衣并接挂衣帽即可。如宴会规模较大，则需设衣帽间存放衣帽。接挂衣服时，应握住衣领，切勿倒拿。贵重的衣服要用衣架挂起来，贵重物品请客人自己保管

续表

工作内容	工作要求
服务用语	
端茶递巾	客人进入休息厅后,服务员应招呼客人入座并根据接待要求,按先宾后主、先女后男的次序递上香巾、热茶或酒水饮料
服务用语	

【小贴士】

微笑服务

 3.宴会中的就餐服务

在宴会就餐过程中,需要为客人斟酒、上菜与分菜,为保持台面的卫生与雅致,需要及时地进行餐具撤换,需要细心观察客人的需求,主动提供服务。

宴会中的就餐服务

【探究活动】

请同学们扫描二维码学习"宴会中的就餐服务"微课,思考讨论,上菜口应该选择哪个位置?中餐宴会上菜的顺序是怎样的?

服务员需要非常了解宴会中就餐服务的工作内容与要求,如表4-2-6所示。

表4-2-6 宴会中就餐服务的工作内容与要求

工作内容	工作要求
入席服务	当客人来到席前,值台员要面带微笑,按先宾后主、先女后男的次序引请入座。待客人坐定后,即把台号、席位卡、花瓶或花插拿走。菜单放在主人面前,然后为客人取餐巾,将餐巾摊开后为客人围上,脱去筷套,斟倒酒水
斟酒服务	为客人斟倒酒水时,要征求客人意见,根据客人的要求为其斟倒各自喜欢的酒水。斟酒时应从主宾开始,先斟葡萄酒(提前斟酒除外),再斟烈性酒,最后斟饮料。如果客人提出不要,则应将客人位前的空杯撤走。酒水要勤斟倒,客人杯中酒剩余1/3时应及时添加,斟倒时注意不要弄错酒。客人干杯或互相敬酒时,应迅速拿酒瓶到台前准备添酒。主人和主宾讲话前,要注意观察每位客人杯中的酒水是否已准备好。在宾、主离席讲话时,值台员要准备酒瓶,并跟随准备添酒,客人要求斟满酒杯时,应予以满足

续表

工作内容	工作要求
上菜、分菜服务	服务员应根据宴会的标准、规格，按照宴会上菜、分菜的规范进行上菜、分菜。分菜时可使用转盘式分菜、旁桌式分菜、桌上分让式分菜，也可将几种方式结合起来服务
撤换餐具	为显示宴会服务的优良和菜肴的名贵，突出菜肴的风味特点，保持台面卫生、雅致，在宴会进行的过程中，需要多次撤换餐具。重要宴会要求每道菜换一次骨碟，一般宴会换骨碟次数不得少于三次
席间服务	宴会进行中，要勤察看、勤斟酒，并细心观察客人的表情及需求，主动提供服务。服务时，态度要和蔼，语言要亲切，动作要敏捷。客人吃完水果后，应撤去水果盘，送上小毛巾，然后撤去点心和放水果的餐具，摆上鲜花，以示宴会结束

【小贴士】

为醉酒客人服务的常识

4.宴会结束工作

宴会结束，并不意味着服务的结束，服务员在宴会结束工作中给客人提供热情、贴心的服务，将会给客人留下深刻的印象。此外，收台和清理工作，对酒店物品的管理和卫生也非常重要。

宴会结束工作

【探究活动】

请同学们扫描二维码学习"宴会结束工作"微课，思考讨论，结账的方式有哪些？该如何进行送客服务？

客人就餐结束后，餐饮服务人员需要进行收尾工作，如表 4-2-7 所示。

表 4-2-7　宴会结束工作的内容与要求

工作内容	工作要求
结账服务	上菜完毕后即可做结账准备。此时，应清点所有酒水、佐料、加菜等宴会菜单以外的费用并累计总数，送收款处准备账单。客人示意结账后，按规定办理结账手续，并向客人致谢。签单、信用卡或转账结算的，应将账单交客人或宴会经办人签字后送收款处核实，并及时送财务部结算。大型宴会上，此项工作一般由管理人员或引座员负责
拉椅送客	主人宣布宴会结束，值台员要提醒客人带齐随身携带的物品。当客人起身离座时，要主动为客人拉椅，以方便客人离席行走，视具体情况目送或随送客人至餐厅门口。衣帽间的服务员根据取衣牌号码，及时、准确地将衣帽取递给客人

续表

工作内容	工作要求
收台检查	在客人离席的同时,值台员要检查台面上是否有客人遗留的物品,在客人全部离去后立即清理台面。先整理椅子,再按餐巾、小毛巾、酒杯、瓷器、刀叉的顺序分类收拾。贵重物品要当场清点
清理现场	各类开餐用具要按规定位置复位,重新摆放整齐。开餐现场重新布置恢复原样,以备下次宴会使用。 收尾工作完成后,领班要做检查。大型宴会结束后,主管要召开总结会,服务员要关好门窗。待所有收尾工作检查完毕后,全部工作人员方可离开

【小贴士】

宴会服务的注意事项

项目5　中餐厅常见问题的处理

在餐饮服务过程中，服务员将会遇到形形色色的客人和各种各样的问题，如果问题的处理不能得到客人的认可，将会影响酒店的形象甚至造成利益损失。为了提高客人满意度和提升服务质量，需要了解投诉类型和学习处理原则及技巧，针对不同的客人做到个性化对客服务。

【知识目标】

1. 熟悉客人投诉类型及其特点；
2. 掌握处理投诉原则，了解投诉处理技巧和具体投诉事件处理程序；
3. 熟悉中餐服务中常见问题的处理方法；
4. 熟悉不同客人接待的技巧；
5. 掌握应急服务的办法。

【能力目标】

1. 能够合理地进行个性化处理投诉；
2. 学会灵活地处理投诉；
3. 能够根据不同的客人类型提供针对性服务；
4. 能在突发事件时做好应急服务。

【价值目标】

1. 培养学生积极主动、一视同仁的处理原则；
2. 培养全心全意为客人服务、"客人永远是正确的"服务意识；
3. 培养学生不断学习、提升综合能力的工匠精神。

任务1　客人投诉的处理方法

在餐饮服务行业，经常会遇到客人各种各样的投诉，总体而言，客人是把由餐厅的失误而造成的对他们的利益损害等反映给有关部门。通过学习客人投诉的类型和处理原则及技巧，学生在今后的实际工作中能够高效地处理客人投诉。

【知识加油站】

5.1.1 客人投诉类型

在客人一般不会没有任何理由就进行投诉，正确处理客人投诉，是提高客人满意度和餐饮服务质量的一个重要方面。

客人投诉类型

【探究活动】

请同学们扫描二维码学习"客人投诉类型"微课，思考讨论并填写表5-1-1中的具体类型。

表5-1-1　客人投诉类型及其特点

分类方式	具体类型	特点
根据客人投诉对象		有些客人认为，导致自己不满的原因是酒店的产品与服务存在问题，是酒店未能满足自己的要求和愿望，因此，最直接的方式就是向酒店投诉，通过向酒店管理者或服务人员表达自己的诉求，获得酒店的理解与支持
		有些客人是通过中间代理商预订的酒店，当他们觉得酒店的服务态度、服务设施或者价格没有达到预期目标时，一般会向中间代理商投诉，要求中间代理商解决问题
		当客人觉得酒店对投诉处理不公平时，有的客人会考虑到利用社会舆论向酒店施加压力，如通过向电视台、报社曝光，向消费者协会等社会团体举报等，从而使酒店以积极的态度去解决问题
		有些客人的维权意识很强，当他们觉得饭店的产品与服务存在问题，不仅损害自己的权益，而且也损害其他客人的权益时，可能会向酒店的行政管理部门投诉
		当客人觉得与酒店之间的矛盾通过协商的方式很难得到解决时，有可能会选择向法院起诉酒店，通过法律途径解决问题

续表

分类方式	具体类型	特点
根据客人投诉时的情绪状态		这类客人在投诉时能够很好地控制自己的情绪，他们力图以理智的态度、平和的语气和准确清晰的表达，向相关人员陈述事情的经过，以及自己的看法和要求，这类客人的投诉有理有据，要求合乎情理
		这类客人在投诉时很难控制个人的情绪，容易冲动，一有不满，就会大声咆哮，言语不加修饰，一吐为快，说话不留余地。对支支吾吾、拖拉应付的工作态度深恶痛绝，希望酒店能干脆利落地解决问题
		这类客人投诉时情绪极其低落，对酒店的产品与服务深感失望，对自己遭受的损失心痛不已。这类客人认为酒店的产品与服务已经远远超出自己的容忍程度，希望通过投诉能获得某种程度的补偿
根据客人投诉的目的		这是比较典型的投诉，其特点是客人已被激怒，情绪激动，要求酒店必须做出某种承诺，答应自己的某些要求。例如，一位正在用餐的客人发现一条鱼不够新鲜而大发雷霆，餐厅经理出面反复道歉，仍然无效，客人坚持要见总经理，否则绝不罢休。几分钟后，总经理亲自接待客人，向客人表示歉意并答应客人的一些要求，事态才得以平息
		有的客人虽然心怀不满，但是情绪相对平静，投诉时只是把自己心中的不满告诉服务人员，不一定要对方做出什么承诺，也没有提出什么要求
		一般情况下，客人在心情不好时会向酒店提出投诉，而此种投诉却恰恰相反，它是在客人心情愉悦时，伴随着对酒店的赞誉而提出的一些建设性的意见。例如：李先生是一家酒店的长住客人，这天早上他离开房间时，同往常一样，总是习惯性地和打扫房间的服务人员聊上几句。他说他非常喜欢这家酒店，他的朋友和客户对这家酒店的印象也非常好，只是每天去楼下吃早餐觉得不方便，尤其是周末，希望酒店在客房里添置一些设施，如微波炉、电磁炉等

【小贴士】

顾客投诉类型与再度惠顾意愿统计数据

5.1.2 处理投诉的原则

餐饮行业的企业虽然经营特点各有不同，但是对于处理投诉的原则却是相同的。服务员只有彻底掌握这些原则，才能在处理投诉过程中沉着应对。

处理投诉的原则

项目5 中餐厅常见问题的处理

【探究活动】

请同学们扫描二维码学习"处理投诉的原则"微课，思考讨论，并填写表5-1-2中的投诉处理原则。

表 5-1-2 投诉处理原则

处理原则	具体操作
	（1）不管在什么情况下，服务员都要保持友好的态度，不能和客人争辩； （2）如遇到需要寻求尊重的客人，要主动给客人赔礼道歉，并且请求其原谅； （3）如遇到需要发泄的客人，要有耐心并表示他提出的问题可以解决，请他放心； （4）如遇到需要补偿的客人，服务员要用比较热情周到的态度来弥补
	（1）客人信任餐厅的有关部门才会来投诉，因而处理投诉的工作人员必须坚持公正原则； （2）处理投诉的工作人员不但要代表餐厅的利益，还要代表客人的利益，在处理问题时只有真正坚持公正的原则，才能最终让客人满意
	在处理投诉时必须要弄清楚造成客人投诉的部门和个人的责任；还要弄清楚这些部门和个人的权限及职责等，只有做到了这些，才可能及时解决投诉并作出相应的处理，给客人一个满意的答复

【小贴士】

使顾客"转怒为喜"的"CLEAR"方案

5.1.3 投诉处理技巧和具体投诉事件的解决方法

处理客人投诉需要在遵守原则的基础上进行合理应变，这个过程同样具有一定的规律性，有一定的处理技巧。虽然在实际的操作中，其流程是比较复杂的，需要遵循普遍的处理技巧才会事半功倍。

投诉处理技巧和具体投诉事件的解决方法

【探究活动】

请同学们扫描二维码学习"投诉处理技巧和具体投诉事件的解决方法"微课，思考讨论并填写表5-1-3中的投诉处理技巧和服务用语。

表 5-1-3 投诉处理技巧

处理技巧	具体操作
	耐心倾听客人的抱怨，不要轻易打断客人，更不要批评客人的不足，要鼓励客人倾诉下去，客人倾诉完就没有怨气了
	客人投诉是表示对餐厅产品的不满意，觉得餐厅亏待了他，如果在处理过程中态度不友好，会加重客人的不满意，造成关系的进一步恶化。若态度诚恳，礼貌热情，则会降低客人的抵触情绪。在处理客人投诉时，服务员应保持以下态度，以求圆满解决问题： ①永远不要和客人争执，让客人发表意见； ②马上通知当值经理； ③仔细聆听，试图找到投诉原因，保持目光接触，尽量称呼客人的姓氏； ④礼貌地道歉，表示同情； ⑤告诉客人处理的情况和时间（与当值经理确认后）； ⑥当值经理检查客人对处理结果的满意度
向客人表达同情的服务用语	
	接到客人投诉后，尽快处理，最好当天就给客人一个初步答复，这样做有以下几方面的好处：一是让客人感到受尊重；二是表示餐厅解决问题的诚意；三是可以防止客人的负面宣传对餐厅造成更大的损害，从而把损失降到最低
处理态度的服务用语	
	客人发泄对餐厅的不满时，言语方面可能会过激，如果餐厅工作人员与客人针锋相对，势必会使彼此关系恶化。因此，在解决问题的过程中，工作人员措辞要合情合理，大方得体。即使客人有过错，也不要直接指出，应尽量用婉转的语言和客人沟通
防止关系恶化的服务用语	
	客人提出投诉的原因多是其利益受到了损害，因此，客人希望得到安慰和经济补偿是十分正常的，餐厅可视情况适当补偿客人，如为客人换菜、打折、赠送水果等，让客人感受到餐厅的诚意
补偿和安慰的服务用语	
	客人提出投诉后希望自己的问题受到重视，处理该问题的人员级别会影响客人的期待及情绪。因此，如果餐厅高层领导能够亲自为客人处理问题，则更容易化解客人的怨气和不满
表示重视的服务用语	

【小贴士】

投诉处理"五字诀"

餐饮服务过程中，会遇到各种各样的投诉事件，表 5-1-4 中列出了一些中餐服务中比较常见的投诉事件及其处理办法。

表 5-1-4　常见的投诉事件及其处理办法

投诉事件	处理办法
等待时间过长引起的投诉	（1）马上道歉； （2）通知厨师长及当值经理，确认制作时间； （3）通知客人所需时间； （4）提供免费纯净水，确认菜点的制作情况； （5）在上菜的时候，再次道歉并感谢客人的等待及理解
账单错误引起的投诉	（1）马上道歉； （2）核对账单，并纠正错误； （3）再次感谢客人的提醒及等待； （4）通知当值经理
餐桌/椅子上有异物引起的投诉	（1）马上道歉； （2）清理台面； （3）感谢客人的提醒
客人投诉菜中有异物	（1）马上道歉，确认客人没有受到伤害； （2）替客人更换菜品，若客人不喜欢同样菜品，可更换其他菜品； （3）提供免费茶水或水果； （4）通知当值经理或厨师长，确保更换菜品的卫生； （5）上菜时，再次道歉
客人投诉杯具/餐具不清洁或有破损	（1）马上道歉； （2）提供更换； （3）感谢客人的提醒
客人投诉位置不佳	（1）若餐位已满，餐饮服务人员应做到以下几点： ①向客人道歉； ②告知客人一有空台，马上更换； ③更换后，再次感谢客人的理解及等待。 （2）若有座位，餐饮服务人员应做到以下几点： ①向客人道歉； ②检查有无预订； ③马上替客人换台； ④通知引座员

任务2　中餐服务中常见问题的处理

餐饮服务过程中经常会遇到不同性格特点、不同情况的客人，也会在服务过程中遇到一些突发事件，服务员应学习接待不同客人的技巧和处理突发事件的技巧，以便更好地做好对客服务。

【知识加油站】

5.2.1 接待不同客人的技巧

性格特点不同的客人对服务人员的服务感受会有差异，要做好对客服务，就应学习接待不同客人的技巧。

接待不同客人的技巧

【探究活动】

假设餐厅来了一位坐着轮椅的客人，你需要为这位客人服务，请思考讨论，这样的客人最忌讳什么？希望服务员能提供怎样的服务？讨论后，请扫描二维码学习"接待不同客人的技巧"微课，并完成表5-2-1。

表 5-2-1　接待残疾客人

内容	服务技巧
坐轮椅的客人	
盲人客人	
聋人客人	
其他建议	

假设你即将为一位携带儿童就餐的客人服务，请思考讨论，这样的客人最需要怎样的服务？讨论后，请扫描二维码学习"接待不同客人的技巧"微课，并完成表5-2-2。

表 5-2-2　接待儿童

内容	服务技巧
服务态度方面	
易碎物品	
儿童用具	
儿童打闹	
注意事项	
其他建议	

你见过喝醉酒的人吗？跟同学讨论一下，醉酒的人一般会有哪些表现？你知道哪些好的处理方法？讨论后，请扫描二维码"学习接待不同客人的技巧"微课，并完成表5-2-3。

表 5-2-3　接待醉酒客人

内容	服务技巧
确定是否喝醉	
客人喝醉	
客人呕吐	
处理结果	
其他建议	

如果客人在用餐时突发疾病，作为服务员的你会怎样处理？跟同学讨论一下，能不能直接给客人用药？你知道哪些注意事项？讨论后，请扫描二维码学习"接待不同客人的技巧"微课，并完成表5-2-4。

表5-2-4　接待突发疾病的客人

内容	服务技巧
发现客人生病	
客人昏厥或摔倒	
客人肠胃感觉不适	
服务员注意事项	
其他建议	

5.2.2 中餐服务过程中的应急服务

餐饮服务过程中，会遇到一些突发事件，作为服务员，应能及时恰当地处理好这些突发事件，做好应急服务，赢得客人的好感，从而为酒店带来更多回头客。

应急服务

【探究活动】

客人在用餐过程中可能遇到突然停电的情况，作为服务员，你会怎样处理这样的情况？请思考讨论后，扫描二维码学习"应急服务"微课，完成表5-2-5。如果你有更好的建议，也可以写在表格后面，并与同学们分享。

表5-2-5　就餐过程中突然停电的处理

情况分析	处理方法
服务员保持镇定	
开启应急方案	
了解情况	
注意事项	
其他建议	

在服务过程中，难免会遇到客人反映菜品中有异物的情况，这时你会怎样处理？请思考讨论后，扫描二维码学习"应急服务"微课，并完成表5-2-6。如果你有更好的建议，也可以写在表格后面，并与同学们分享。

表 5-2-6　菜品中出现异物的处理

处理过程	处理办法
表示歉意	
请主管出面检查	
再次道歉	
情况记录	
其他建议	

有时用餐的客人较多，服务过程中可能会出错，甚至不小心弄脏客人衣物，你该怎么办？请思考讨论后，扫描二维码学习"应急服务"微课，并完成表5-2-7。如果你有更好的建议，也可以写在表格后面，并与同学们分享。

表 5-2-7　服务过程中弄脏客人衣物的处理

处理过程	处理办法
表示歉意	
给客人擦拭	
请主管出面解决	
表示感谢	
其他建议	

用餐过程中的陶瓷餐具、玻璃餐具等容易损坏，如果你发现有餐具损坏时，你该怎样处理，既能避免餐厅受到损失，又能避免客人的投诉？请思考讨论后，扫描二维码学习"应急服务"微课，并完成表5-2-8。如果你有更好的建议，也可以写在表格后面，并与同学们分享。

表 5-2-8　客人进餐时损坏餐具的处理

情况分析	处理办法
无意中损坏餐具	
有意损坏餐具	
其他建议	

餐厅每天接待的客人很多，每位客人对菜品的感受和评价会有一些差别，也会遇到客人认为菜肴口味不对的情况，你会怎样处理这样的问题？请思考讨论后，扫描二维码学习"应急服务"微课，并完成表5-2-9。如果你有更好的建议，也可以写在表格后面，并与同学们分享。

表 5-2-9　客人反映菜肴口味不对的处理

情况分析	处理办法
咸淡不合适	
烹调方法不同	
原材料的质量问题	

工作繁忙时候，如不细心就会出错，尤其是结账时，客人往往会对价格比较敏感，当遇到客人反映价格不对时，你会怎样判断并处理好这样的突发事件？请思考讨论后，扫描二维码学习"应急服务"微课，并完成表5-2-10。如果你有更好的建议，也可以写在表格后面，并与同学们分享。

表 5-2-10　客人反映价格不对的处理

情况分析	处理办法
核实账单	
客人自己计算错误	
服务员下单错误	
收银统计错误	
其他建议	

多数客人都是有礼貌的、素养好的，但也会遇到客人走单的情况，作为服务员，发现客人欲走单时，怎样处理才能避免餐厅的损失？请思考讨论后，扫描二维码学习"应急服务"微课，完成表5-2-11。如果你有更好的建议，也可以写在表格后面，并与同学们分享。

表 5-2-11　客人欲走单的处理

情况分析	处理办法
留意用完餐的客人	
将客人的错误揽下	
当面指责可能出现的后果	
其他建议	

项目6　餐厅家具、设备、餐具的使用与保养

餐厅常用的有各类家具、餐饮服务设备、餐具餐饮装潢设备、针织品、照明电器、水暖空调、服务用品和厨房用具等。这些家具、设备、餐具等是保证餐厅正常营业的必需物质条件。这些家具、设备、餐具能否得到正确的使用与保养，一方面将直接关系到其使用寿命及餐厅的开支状况，另一方面，可反映出餐厅的服务质量和管理水平。

【知识目标】

1. 掌握餐厅常用家具的种类、名称及用途；
2. 了解并掌握餐厅常用家具的保养；
3. 掌握餐厅服务设备的种类、名称及用途；
4. 了解并掌握餐厅服务设备的保养；
5. 了解餐具的种类、名称及用途；
6. 掌握餐具的保养方法。

【能力目标】

1. 能够区分中餐厅常见家具的种类、名称及用途；
2. 能够对中餐厅常见家具进行保养；
3. 能够区分餐厅服务设备的种类、名称及用途；
4. 能够对餐厅服务设备进行保养；
5. 能够识别常见的陶瓷器皿、玻璃器皿、不锈钢、银器等金属餐具的特性；
6. 能够对餐厅常见餐具进行使用、清洗、消毒擦拭及保养。

【价值目标】

1. 树立规范化、标准化、程序化的操作意识及安全意识；
2. 培养学生的爱岗敬业精神。

任务1 餐厅常用家具的使用与保养

餐厅家具是保证营业接待工作正常开展的必要物质条件。餐厅常用家具种类繁多,数量巨大,能否正确地使用与保管,将直接关系到其使用寿命,同时也会直接影响餐厅的服务质量和酒店的管理水平。餐厅中常用的家具主要是指餐台、餐椅、工作台等。各种木材和装饰板是餐厅家具的主要材料,木质家具具有质地较硬、耐磨、易清洁等特点,而金属家具特别是铝制品和铝合金、钢质家具则具有轻便、质硬、易保洁等优点,越来越多地被餐厅采用。

【知识加油站】

6.1.1 餐厅常用家具的种类及用途

作为一名中餐服务员,有必要了解餐厅常用家具的品种、规格,懂得它们的用途及使用和保养方法,以便更好地做好服务工作。

【探究活动】

> 请同学们利用周末时间实地走访当地任意一家五星级酒店的中餐厅,看看餐厅都用了哪些类型的餐台、餐椅、工作台以及其他家具,并了解它们的使用方法和注意事项。

1. 餐台

常见餐台的基本形状有正方形、圆形、长方形三种,通常用于中、西餐厅,除此之外还有异形台,一般可根据客人的需求将异形台进行组合,拼设成各种不同形状的异形餐台或大菜台,如"一"字形、"T"字形、"U"字形、"工"字形等,常用于鸡尾酒会、冷餐会等搭配自助餐台时使用。

(1) 方台

方台大都是木质材料制成的,用途较广,在中、西餐厅中均可用作餐台使用,还可以在各类宴会中拼成各式菜台、点心台、水果台及酒水服务台等,另外,方台还可用作圆台的桌架或搭成临时工作台等。常见的方台规格为80厘米高,90厘米、100厘米或110厘米见方(如图6-1-1所示)。

图 6-1-1 方台

(2) 圆台

圆台一般可分为分体圆台和整体圆台两种(如表6-1-1所示)。

表 6-1-1 分体圆台和整体圆台

餐台类型	台面与台架关系			
分体圆台	分开	固定		
整体圆台		可折叠		不可折叠
	台架可折叠	台面可折叠		
	方便存放和搬运	圆台四边向下折叠成方台	向上翻起成圆台	
		使用比较灵活,可根据就餐客人的数量来调整餐台的大小		

圆台通常在中餐厅、中餐宴会中使用,常见的有直径 120 厘米、140 厘米、160 厘米、180 厘米、200 厘米等不同的规格,分别适用于不同数量的就餐客人(如图 6-1-2 所示)。

图 6-1-2 圆台

(3) 长方台

长方台通常有宽 55 厘米、长 110 厘米和宽 100 厘米、长 150 厘米两种规格,它们的高度均为 80 厘米。第一种长方台可拼做方台用,也可做小型会议台;第二种长方台可随意延长或拼搭成各种形状的西餐台。

现在还有许多餐厅使用多功能组合餐桌,即可分可合的餐桌。"分"可以各自为"阵","合"则成多用途形式,可用于自助餐、冷餐会、鸡尾酒会、会议、展示台等(如图 6-1-3 所示)。

图 6-1-3 长方台

(4)转台

在10人座以上的圆桌面上,一般都配有转台,转台底座内装有滚球轴承,菜点摆放在转台上,轻轻地转动,所需的菜点就会转到客人面前。其规格一般有三种,分别为10人转台、12人转台和14人转台,一般由玻璃制成(如图6-1-4所示)。

图6-1-4 转台

2.餐椅

餐椅的种类很多,有木椅、钢木结构椅、扶手椅、圈椅、儿童椅等。餐椅一般高45厘米,椅面尺寸为45厘米×45厘米,但椅背的高度则不统一,原则上不超过90厘米。

(1)木椅

木椅高雅、华丽、舒适,挪用方便,无静电。椅背、椅面、椅腿结构的连接以榫头为主(如图6-1-5所示)。

图6-1-5 木椅

(2)钢木结构椅

钢木结构椅有可折叠与不可折叠之分。可折叠钢木椅具有重量轻、结实、不用时可叠在一起、减少收藏体积及便于搬动等优点,常被中餐厅所采用(如图6-1-6所示)。

图6-1-6 钢木结构椅

（3）扶手椅、圈椅

扶手椅和圈椅以木质结构为多，此类餐椅一般用于高档西餐厅，体积要略大于一般的木餐椅（如图6-1-7所示）。

图6-1-7　扶手椅、圈椅

（4）儿童椅

为了能方便带儿童的客人用餐，餐厅一般都配有几把专为儿童使用的餐椅。儿童餐椅带有扶手和扶栏，比一般的椅子高，座椅的宽度和深度都比一般餐椅小（如图6-1-8所示）。

图6-1-8　儿童椅

3.工作台

餐厅的工作台又称落台或服务桌，是服务员在开餐时为客人提供服务的基本设备，其主要功能是存放各种开餐服务时所需的服务用品和餐具等。工作台通常是由一个平面台、多功能分割抽屉及门式或开放式的柜子组成，柜子用来储藏各种餐具，而台面则作为服务员工作之用。无论是中餐服务还是西餐服务，都需使用工作台来协助工作，不同餐厅的工作台都是根据餐厅的服务方式、菜单内容、摆放餐具及该服务区域所服务的餐桌数来规划的（如图6-1-9所示）。

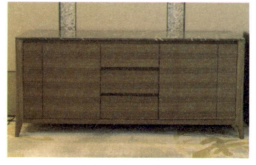

图6-1-9　工作台

4. 其他家具

餐厅除了餐台、餐椅，还有其他家具，如迎宾台、指示牌、致辞台、盆景架、屏风、衣帽架、沙发、茶几等（如图 6-1-10 所示）。

图 6-1-10　其他家具

6.1.2　餐厅常用家具的保养

根据中餐厅各类家具不同材质的特性，运用科学的方法，是做好各类家具保养的基础，总的来说应注意以下几个方面：

①认真执行使用与维护相结合和谁使用谁维护的原则；

②各种家具维护人员都要做到"三好""四会"；"三好"即管好、用好、维护好；"四会"即会使用、会保养、会检查、会排除故障；

③发现安全隐患，及时上报。

餐厅常用家具设备的使用和保养

【探究活动】

请同学扫描二维码学习"餐厅常用家具设备的使用和保养"微课，思考讨论，餐厅常用家具的保养方法分别是什么？

1. 餐台的保养

餐台的台面通常是木质的，也有人造革和玻璃的，台架大都是木质的或金属的。由于木质材料有怕水泡、不耐高温的缺陷，所以日常使用过程中，要注意保持室内干燥，如果室内过于湿润，会使木材吸水膨胀，餐桌受损；也要避免阳光直射，特别是放高温的餐具时，记得加上隔热垫，防止台面爆裂和出现白色印迹。餐台放置不用时，需与暖气片、空调保持一定距离。日常使用半干棉布擦拭，遇到污渍、水渍及时擦除即可，不要使用洗洁剂，否则会破坏台面的漆膜。半年左右可以对整个餐台打一次蜡，进行漆面维护。

分体餐台需要移动时可将台架和台面分开，并采用抬或滚动的方法，不能硬拖、硬拉、不可摔、蹬；整体餐台需要搬动时，可采用抬或搬的方法，不可拖、拉、推，以免脱榫损坏。

2.餐椅的保养

木椅长期使用或使用不当，榫头易松动，因此，使用木椅时不可拖、拉、叠，而应采用搬动的方法。使用木椅的餐厅应做到每日开餐前检查桌椅，发现榫头松动应及时送到维修部门修理，以免榫头脱落摔伤客人。

高档餐椅用硬木制作，并经雕花加工和镶嵌贝类饰物，做工精细，是餐厅的高档物品，除了保证安全使用，还应做好维护保养工作，防止硬物磕碰、划刻，忌拖拉，不可以用水刷洗，并经常打蜡上光。

3.工作台的保养

由于中餐厅常见的家具特别是工作台以木质的居多，根据木质家具的特性，运用科学的方法是做好家具保养的基础，一般注意以下几个方面：

①严防受潮与暴晒。木质家具受潮后容易膨胀，因此切忌把湿毛巾，湿台布放在家具上，发现此类现象应马上拿开，见到水渍要马上擦干。家具受阳光暴晒易收缩、变形、裂缝和色泽减退等，因此要尽量避免暴晒。

②定期上蜡打光。一般为半年一次，上蜡时先在家具表面除尘除迹，而后涂一层薄薄的白蜡，用洁白的绒布揩擦，使之发亮，整洁美观。

③注意室内适当通风。房间久闭门窗不通风，家具容易失去鲜艳的色泽，温度过高或在雨季家具发霉，适时地打开门窗进行通风，放家具的仓库要注意开窗通风。

④注意巧搬轻放。酒店的家具，常需搬动转移，要十分注意巧搬轻放。对笨重的家具，一定要两人搭配好才能搬动，切忌一人在地板上生拖硬拉。家具搬动时不要撞墙壁、门柜和地板，防止碰碎镜子和玻璃面，若有损坏及时维修，以保持家具的完好率。

任务2　餐厅服务设备的使用与保养

中餐厅的各类服务设备，由于使用频繁，加之服务需要，在制作过程中大都偏向于选择轻便的材料，所以使用寿命上相对于大件的餐厅设备要短。因此，餐厅服务设备的正确操作、维护保养至关重要。如违章操作，不注重餐厅设备的作业安全和清洁卫生，必导致隐患和事故发生；忽视餐厅设备的定期维护保养，会降低餐厅设备的使用效率，缩短餐厅设备的使用寿命，无形中增加餐厅营运资金的投入；维修不及时，必然会引起客人的投诉，影响餐饮服务质量和酒店的市场声誉与形象。因此，作为一名服务员，很有必要了解餐厅服务设备的品种、规格，懂得它们的用途及使用和保养方法，以便更好地完成餐饮服务工作。

【知识加油站】

6.2.1 餐厅服务设备的种类及用途

餐厅服务设备是指各类酒水车、服务餐车、牛排切割车、桌边烹饪车等。这些设备通常采用钢木材料，也使用木质和钛金材料。其中，服务餐车大多使用不锈钢材料，它具有表面光亮、质地硬、不怕油腻、易清洁等优点，而钛金材料的酒水车则通常用来展示酒水。

【探究活动】

请同学们利用周末时间实地走访当地任意一家五星级酒店的中餐厅，并尝试解决以下几个问题：

（1）餐厅服务设备一般都是用什么材质制成的？

（2）餐厅服务设备的作用是什么？

（3）餐厅服务设备与酒店餐厅的档次、服务之间有什么关系吗？

（4）餐厅各类服务设备是如何进行使用和保养的？

1.酒水车

酒水车主要用于陈列和销售酒水，并备有相应的杯具和冰块等，相当于一个流动小酒吧（如图6-2-1所示）。西餐厅中比较常见的是烈酒车，车上陈列着各种开胃酒、烈酒和餐后甜酒，售酒服务员在客人吃完甜品和上咖啡时，应迅速将烈酒车推至客人餐桌旁，进行酒水服务。另外，在咖啡厅中还有咖啡和茶水车，主要用来供应下午茶，车内备有供应咖啡和各种名茶的餐具、加热炉等。

图6-2-1　酒水车

2.服务餐车

服务餐车主要用于餐厅中运送菜肴、餐具及撤台，还可摆放在餐厅中当作临时工作台（摆放一些工作台存放不下的备用餐具）或当作桌边烹饪车使用。餐厅中使用的服务餐车通常由不锈钢制成，是一种多功能设备，一般为三层设计，有的还会在外面加上可活动的延伸板（如图6-2-2所示）。

图6-2-2　服务餐车

3.牛排切割车

牛排切割车用于客前服务——切割牛排之用。牛排切割车主要由切割砧板、保温热水容器、酱汁保温槽、刀叉架、保温盖和加热装置构成（如图6-2-3所示）。

图6-2-3　牛排切割车

4.桌边烹饪车

桌边烹饪车主要用于现场烹饪服务，是一种具有烹饪功能的活动餐车。餐车平台的一边设有燃气炉，另一边为工作平台，可摆放烹饪材料用，底下的柜子内设有小型燃气罐及餐具、调味酱瓶的存放架或抽屉。此外，在桌边烹饪车的两侧还装有可折叠的活动板，服务时可打开加以固定，从而增加工作台的使用面积（如图6-2-4所示）。

图6-2-4　桌边烹饪车

6.2.2 餐厅服务设备的保养

餐厅服务设备的制作材料相对比较高级，有些服务设备制作材料甚至还要求符合国家卫生质量标准，所以取材选料相对比较苛刻，使用和保养自然要严苛一些，使用和保养操作过程也要麻烦一些。

餐厅服务设备的使用和保养

【探究活动】

请同学们扫描二维码学习"餐厅服务设备的使用和保养"微课，思考讨论并完成表6-2-1。

表 6-2-1　餐厅服务设备的使用和保养

设备名称	操作使用	卫生消毒	保养存放	注意事项
酒水车				
服务餐车				
牛排切割车				
桌边烹饪车				

1. 酒水车的保养

酒水车因为总是推来推去，会沾染上许多灰尘，因此日常可用干净的抹布拍打上面的灰尘，为其除尘。不锈钢、钛金等金属材质的可先用干净的湿抹布擦拭一下，再用干抹布擦干即可。实木酒水车在运输途中可能会沾染上一些油污，残茶的茶叶是极好的清洁剂，涂抹后再喷少量的玉米粉进行擦拭，最后将玉米粉抹净即可。如果已经产生水印的，只需在水印上盖上一块干净湿布，然后小心地用熨斗熨湿布，这样聚集在水印里的水会被蒸发出来，酒水车上的水印也就消失了。

2. 服务餐车的保养

服务餐车功能多样，各种零部件相对较多，因考虑使用的便利性，一般服务餐车由不锈钢制成。所以使用服务餐车时，应注意载物不可过重，不可生拉硬拖，遇有路面不平时应抬搬越过，还要随时清理地面硬物件，避免有碰撞及用硬物刮铲。

3. 牛排切割车的保养

切割车是较贵重的服务设备，每次用完一定要及时清洁处理。具体做法是：使用擦银粉擦净台面，并彻底抹掉沾在车内的残屑，以防与其他食物接触。

4.桌边烹饪车的保养

桌边烹饪车安全隐患在于电源以及设备携带的油气罐、明火等，因此在使用及维护烹饪车时，首先要观察燃气管道是否衔接牢靠，其次对放油盆周边要保持一定干燥，与明火或者高温环境保持一定距离，再对点火器进行检查，如果点火器短路或者有煤气泄漏等情况一定要及时处理。另外，烹饪车身要随时保持干燥整洁，不能有水迹或残留食物残渣，还要注意边边角角的清洁卫生。

任务3　餐具的使用与保养

餐饮业在菜肴质量方面讲究"色、香、味、形、器"，这里的"器"指的就是餐具。餐具是经营的重要工具，它的使用与保养与每个餐饮服务员都是密不可分的，对餐具的正确使用、爱护、保养不仅直接影响到酒店营业成本的高低，进而影响到酒店经营利润和员工的奖金，而且对维护酒店声誉、提高酒店档次也起到重要的作用。因此，服务员在日常使用过程中，不仅要特别注意爱护餐具，以减少餐具破损，还要掌握各种餐具的使用、清洗、消毒、存放及保养方法，最大限度地延长餐具的使用寿命。

【知识加油站】

6.3.1　餐具的种类及用途

餐具的种类有很多，不同种类餐具的功能也有所不同。餐具的分类和用途都有哪些呢？目前市场上的餐具材质大致可以分为陶瓷、强化琉璃瓷、不锈钢、水晶、玻璃，还有比较昂贵的金银等。

【探究活动】

> 中华饮食文化，素以历史渊源悠远、流传地域广阔、食用人口众多、烹饪工艺卓绝、文化底蕴深厚而享誉世界。与此同时，作为饮食文化内容之一的餐具，其材质也是经历了石、铁、铜、银、金、木、玻璃、不锈钢、陶瓷、钛等的变迁。请同学们尝试分析餐具变迁史的原因。

 1.玻璃餐具

玻璃餐具是餐厅常用的餐具之一，餐厅使用的玻璃餐具主要有各类杯子，通常为无色的或略带点刻花的（如图6-3-1所示和表6-3-1所示）。

图 6-3-1　玻璃杯

表 6-3-1　餐厅常用的玻璃餐具

名称	用途
水杯	是各类玻璃杯中使用最多的一种,主要用于盛装饮料、啤酒、冰水等。形状可分为一般水杯和高脚水杯,通常点菜和宴会铺台都要使用此杯
红葡萄酒杯	主要用于盛装红葡萄酒。其高脚酒杯的形状,既可避免因手部高温接触杯身而影响品质,又便于品酒时嗅觉及视觉的鉴赏
白酒杯	主要用于盛装烈性酒,是宴会铺台选用的三种杯子中的一种
白葡萄酒杯	主要用于盛装白葡萄酒,其形状类似红葡萄酒杯,但杯身和容量都比红葡萄酒杯略小些
香槟酒杯	主要用于盛装香槟、气泡酒。常见的香槟酒杯有两种款式:一种为浅碟形,另一种是郁金香形。这种酒杯能使香槟酒特有的气泡更好地显现出来,而且能使香槟酒的发泡时间更长一些
鸡尾酒杯	主要用于盛装各类鸡尾酒,具有多种造型,常见的有V形和细颈形。而且鸡尾酒杯的大小也很不一样,一般能装120~150 g酒
白兰地杯	主要用于盛装白兰地,其杯身较特别,杯肚较大,杯口较小
果汁杯	主要用于盛装果汁、冰红茶等,常被摆放于自助早餐餐台上
柯林杯	主要用于盛装各类Long Drinks(长饮)鸡尾酒
啤酒杯	主要用于盛装啤酒,一般可以倒入一罐或一小瓶啤酒
高球杯	又称海波杯、开波杯、高杯酒杯,主要用于盛装各类碳酸饮料及鸡尾酒
古典酒杯	又称老式酒杯、传统酒杯,其造型为平底、宽口、直身,主要用于盛装加冰块的威士忌酒或特殊鸡尾酒
纯饮杯	又称短饮杯,是喝烈酒所用的小酒杯,适合纯饮烈酒
马克杯	主要用于盛装生啤酒,此杯体积较大,其盛酒容量也较多,杯壁比较敦厚、结实

2.陶瓷餐具

餐厅所用的陶瓷餐具,按形状和用途划分,有盘、碟、盆、碗、杯、勺、盅等(如表6-3-2所示);按釉色划分,有白釉瓷、青釉瓷、黄釉瓷、绿釉瓷等;按花色划分,有白瓷、青花瓷、蓝花瓷、红花瓷等(如图6-3-2所示)。

表 6-3-2　陶瓷餐具

名称	用途
平盘	是一种盘底平而形圆的盘子，其规格有多种。一般直径为14.5厘米或16.5厘米的平盘可作围碟或盛零吃点心之用；直径16.5厘米的平盘常用作骨碟，用来给客人盛菜肴或放骨头用，是中餐中最常用到且更换频繁的一种餐具，也是中餐铺台的主要餐具之一；直径26.5厘米的平盘常用于盛炒菜；直径26.5厘米以上的、较大的平盘一般作拼盘用或用于盛炒菜、大菜、点心、水果等
筷架	仅用于搁筷子，有多种形状，如元宝形、小鱼形、龙头形等；匙筷架则既可以搁筷子，又可以搁匙子，一般为左面匙右面筷子
碗	大致可分为面碗（直径23厘米、高8厘米）、饭碗（直径11.5厘米、高5厘米）、口汤碗（直径9厘米、高4.3厘米）几种。面碗用于吃各式面条，饭碗一般用于盛装米饭，口汤碗用于盛装汤或甜点
味碟	主要用于装酱油、醋、辣椒酱、芥末等调味料
汤勺	又名调羹、汤匙，一般在铺台时就摆上，通常用来吃汤类菜或甜点
茶杯及底盘	主要用于给客人喝茶水，有多种规格。中餐便餐通常使用茶盅，早茶使用早茶杯，中餐宴会使用中国茶杯和无耳中国茶杯
汤盘	又名窝盘，盘边较高而盘深，规格有多种，通常用于盛装汤汁、卤汁、芡汁较多的烧、烩类或全扒菜点
腰圆盘	又名鱼盘和长条盘，呈椭圆形，有多种规格，分别用来盛装爆、炒、烧、炸菜肴及整形菜还可拼盘使用
品锅	其形似盆，两边有耳且有盖，边壁比碗厚实，便于保温，通常用来盛装汤菜
双耳汤杯	通常用于摆放自助餐台，以供客人喝汤用
鱼翅碗碟、炖盅	通常用于盛装鱼翅或汤类炖品，并附有盖子保温
茶壶	通常配以底盘，用作上桌斟倒茶水时用

图 6-3-2　陶瓷餐具

 3.不锈钢餐具

餐厅使用的不锈钢餐具不计其数，常见的有各种餐刀、叉、匙、菜盆和盖、盛汤盖碗、茶壶、热水壶、糖缸等（如图6-3-3和表6-3-3所示）。

图 6-3-3　不锈钢餐具

表 6-3-3　中餐厅常用的几种不锈钢餐具

名称	用途
大餐匙	用来食用清汤类菜肴，亦可当服务匙用
点心叉、点心匙	用来食用甜品、蛋糕等
茶、咖啡匙	用来搅拌茶、咖啡，略小于点心匙
冰淇淋匙	前端平齐无缝的小匙，吃冰淇淋专用
长柄匙	匙柄特别长，用来搅拌冰茶、冰咖啡或食用圣代冰淇淋
服务叉、服务匙	桌边分菜服务用，使用时大小要配套，一般应使用大号的餐叉、匙

 4.银餐具

银餐具是贵重餐具，必须分类分档，登记造册，正在使用的银餐具，应天天清点。大型宴会的餐具数量多，流量大，更要仔细查点，防止丢失。摆台时，检查银餐具是否清洁光亮、卫生。使用过程中，注意轻拿轻放，尽量避免碰撞硬物。用过的银餐具应立即送洗干净、严格消毒，清点后妥善保管。收台时要先清点和收拣台上的银餐具，防止将小件银餐具倒进杂物桶。餐厅常用的银餐具有餐刀、餐叉、大小银盘及各种不同种类的壶盅和勺匙等（如图 6-3-4 所示）。

图 6-3-4　银餐具

6.3.2 各类餐具的保养

餐厅中常用的餐具从质地上分为玻璃餐具、陶瓷餐具、不锈钢餐具和银餐具，这里主要

各类餐具的使用和保养

介绍这几种常用餐具的使用与保养。

【探究活动】

请同学们扫描二维码学习"各类餐具的使用和保养"微课,思考讨论并完成表6-3-4。

表 6-3-4　中餐厅各类餐具的使用和保养方法

餐具类别	保养方法
玻璃餐具	清洗: 擦拭: 消毒: 保养存放: 注意事项:
不锈钢餐具	清洗: 擦拭: 消毒: 保养存放: 注意事项:
陶瓷餐具	清洗: 擦拭: 消毒: 保养存放: 注意事项:
银餐具	清洗: 擦拭: 消毒: 保养存放: 注意事项:

1.玻璃餐具的清洗与保养

餐厅使用的大部分玻璃餐具质地较薄,易破碎,因此在清洗与保养中应做到以下几点:

(1)清洗方法

应将玻璃餐具与其他餐具分开清洗涤,清洗方法是:用冷水先冲洗去除异味,然后用清洗剂洗刷,再用清水过净后进行蒸汽消毒,最后用消毒抹布擦干水迹,使之透明光亮。

(2)擦拭方法

擦拭玻璃餐具时动作要轻,力度要得当,以免造成损坏。下面以杯子为例,介绍具体的擦拭方法:首先用消毒抹布包住并用左手托住杯子底部,再用右手取消毒抹布的一角包住杯口,大拇指伸入杯内,四指夹住杯身,沿杯口左右来回擦拭三圈,同时左手以反方向回擦杯座。经过擦拭后的水杯应无水痕和指纹,呈现光亮、透明状。

(3) 存放保养

玻璃餐具尤其是酒具在存放时应使用架子或杯格,并按不同规格、种类分档存放,切忌堆叠、套叠码放,以免因碰撞而破损。如果发现有残破裂痕的玻璃餐具,应及时拣出并停止使用。另外,放入杯格或在架子上的玻璃餐具应倒扣并罩上防尘台布,以避免污染。

2.陶瓷餐具的清洗与保养

餐厅内会用到大量的陶瓷餐具,为达到有效清洁、消毒的目的,大都会使用机械式电动洗碗机,同时辅以手工来清洗消毒。

(1) 清洗方法

首先将待洗的陶瓷餐具送至洗涤区,由洗涤人员先刮除餐盘上的食物残渣,然后用高压喷枪水柱将粘在盘上的残屑、油污冲刷掉,之后将餐盘按照形状大小分类,依序插入瓷器篮筐内,送进机器清洗。在经过温水清洗剂喷洒、热水冲洗、高温蒸汽或80 ℃热水清洗后,便可彻底清洁消毒。等烘干或晾干后取出,同时检查餐具并分类摆放。清洗过程中,不可将陶瓷餐具浸泡于清洁剂内,也不能用力搓洗,或用百洁布、钢刷刷洗餐具,以避免刮伤餐具表面及釉彩。洗好的餐具必须检查是否有龟裂破损,如有此情形,应报废丢弃,以免藏污纳垢或使客人受伤。

(2) 擦拭方法

这里以餐盘为例,介绍陶瓷餐具的擦拭方法:
①左手持一条干净餐巾,拿起餐盘,右手拿起餐巾的另一对角,握住盘边。
②左手转动餐盘,用餐巾擦拭盘子的外缘。
③用左手拿着盘子,右手持餐巾,以顺时针方向擦拭盘面、背后及底缘。
④检查餐盘,确定水痕和指纹已清除、盘面干净无污渍。
⑤将干净的餐盘分类摆放好。

(3) 存放保养

陶瓷餐具虽然质地厚,但其性脆,所以使用过程中的保管是一道重要环节。要做到:轻拿轻放,避免碰撞;冬季使用陶瓷餐具盛装热食(如拔丝类高温菜肴)时,应先将餐具增温,以免冷瓷突遇高热而炸裂;分档洗涤、消毒、存放,码放时应该两打一摞地堆放在架子上,其高度应便于放入和取出;可能的情况下要用台布覆盖陶瓷餐具,以避免落上灰尘。

3.不锈钢餐具的清洗与保养

（1）清洗方法

不锈钢餐具在清洁时要注意与其他餐具分开清洗，具体方法是：先将餐具送进洗涤区，浸泡在专用药剂浸泡槽内15~20分钟，除去附着的油污；然后将餐具捞起，放入不锈钢餐具清洗筐内，用高压水柱冲洗，再送进洗碗机内清洗；经过清洁、冲洗、高温消毒、烘干后，由洗碗机内取出，交由服务人员用消毒过的餐巾擦拭，最后分类存放。

（2）擦拭方法

首先将干净的刀、叉、匙放在垫有擦拭用布的工作台上，将刀、叉、匙分类，取热水将待擦拭的刀、叉、匙浸泡在热水中；然后用左手持餐巾拿餐刀、叉、匙柄，并用餐巾包握住刀、叉、匙柄，右手拿餐巾另一角，擦拭刀面、刀背及叉尖和叉缝；接着再用右手拿刀面、叉、匙前端部分，用左手擦拭刀、叉、匙柄；擦完后检查，干净无污渍即可。

（3）存放保养

将擦拭干净的刀、叉、匙分类摆放在一个特定的盒子或抽屉中，每个盒子或抽屉可垫上垫布以防止滑动和互相碰撞而留划痕和印迹，并注意要定期换洗垫布，保持卫生。

4.银餐具的清洗与保养

用过的银餐具要细心擦洗，尤其是接触过蛋类的银餐具更应加倍擦洗，因为蛋类与银餐具接触后会生成黄色的蛋白银，特别注意叉的凹面的擦洗。另外，银餐具长期不用，颜色会变黑，所以要定期彻底擦洗。擦洗银餐具通常使用擦银粉。方法是先将银餐具浸水，再用刷子或揩布沾上擦银粉用力揩擦污渍，待晾干后用干布用力擦亮，然后用开水泡洗消毒，用干净的揩布揩干。

银刀叉的刀口、叉尖锋利，容易划伤手，又易相互碰撞而损坏，所以一定要分类存放，精心保养，这样既安全整齐，又便于清点。

参考文献

[1] 崔梦萧，陈海凤.餐饮服务与管理［M］.北京：中国人民大学出版社，2019.

[2] 钱菁.餐饮服务实训教程［M］.上海：上海大学出版社，2012.

[3] 樊平，李琦.餐饮服务与管理［M］.3版.北京：高等教育出版社，2012.

[4] 浙江省教育厅职成教教研室.中餐服务［M］.北京：高等教育出版社，2012.

[5] 邓敏.餐饮服务与管理［M］.广州：广东旅游出版社，2011.

[6] 望媛媛.中餐服务实训教程［M］.上海：上海交通大学出版社，2010.

[7] 让-米歇尔·莫尼埃.葡萄酒基础教程［M］.上海：东华大学出版社，2022.

[8] 汪蓓静.餐厅服务员（初级）［M］.北京：中国劳动社会保障出版社，2006.

[9] 董韵捷.饭店服务心理学［M］.4版.北京：中国劳动社会保障出版社，2016.

[10] 王赫男，等.饭店服务心理学［M］.2版.北京：电子工业出版社，2013.

目录 CONTENTS

项目1　认识餐饮部 …………………………………… 1

任务工单1.1.1　餐饮部在酒店中的地位和作用 …………………………… 1
任务工单1.1.2　餐饮部组织机构设置原则 ………………………………… 3
任务工单1.1.3　餐饮部组织机构的一般模式 ……………………………… 4
任务工单1.1.4　餐饮部下属主要部门的主要职责 ………………………… 5
任务工单1.1.5　餐饮部与其他部门的协调合作 …………………………… 6
任务工单1.1.3　餐厅及其种类 ……………………………………………… 7
任务工单1.1.4　中餐厅的经营特点 ………………………………………… 8
任务工单1.2.1　餐饮产品的含义及特点 …………………………………… 9
任务工单1.2.2　餐厅服务质量的特点 ………………………………………10
任务工单1.2.3　餐饮服务质量控制方法 ……………………………………11
任务工单1.3.1　中餐服务人员的岗位职责 …………………………………12
任务工单1.3.2　中餐服务人员应具备的素质和能力 ………………………13
任务工单1.3.3　中餐服务人员的形象和礼仪 ………………………………14
任务工单1.3.4　中餐服务人员的仪态姿势 …………………………………15
任务工单1.3.5　电话礼仪 ……………………………………………………18
任务工单1.3.6　交谈礼仪 ……………………………………………………19

项目2　中式菜点与酒水知识·································· 21

- 任务工单2.1.1　中国菜的特点和构成 ································· 21
- 任务工单2.1.2　中式面点的特点与流派 ······························ 23
- 任务工单2.2.1　酒的概念及分类 ······································ 24
- 任务工单2.2.2　酒的功能 ··· 25
- 任务工单2.2.3　白酒知识 ··· 26
- 任务工单2.2.4　黄酒知识 ··· 28
- 任务工单2.2.5　葡萄酒知识 ··· 30
- 任务工单2.2.6　啤酒知识 ··· 31
- 任务工单2.3.1　中国茶知识 ··· 32
- 任务工单2.3.2　其他软饮料 ··· 33

项目3　中餐基本服务技能·· 35

- 任务工单3.1.1　托盘操作的要领 ······································ 35
- 任务工单3.2.1　餐巾及餐巾折花基本知识 ··························· 38
- 任务工单3.2.2　基础杯花的折叠方法 ································· 40
- 任务工单3.2.3　基础盘花的折叠方法 ································· 42
- 任务工单3.3.1　葡萄酒的开瓶与侍酒 ································· 44
- 任务工单3.3.2　中国白酒的侍酒 ······································ 46
- 任务工单3.3.3　啤酒的侍酒 ··· 47
- 任务工单3.3.4　非酒精类饮品的服务技巧 ··························· 48
- 任务工单3.4.1　中餐零点餐摆台及其标准 ··························· 49
- 任务工单3.4.2　中餐宴会摆台及其标准 ······························ 51
- 任务工单3.5.1　中餐上菜的注意事项 ································· 55
- 任务工单3.5.2　中餐几种特殊菜肴的上菜方法 ······················ 56
- 任务工单3.6.1　中餐服务中分菜工具及其使用方法 ················ 57

任务工单3.6.2	不同菜肴的分菜方式和注意事项	58
任务工单3.7.1	撤换餐具的步骤和方法	59
任务工单3.7.2	撤换香巾与台布的步骤和方法	60

项目4　中餐服务技巧 …… 61

任务工单4.1.1	电话预订餐位	61
任务工单4.1.2	客人当面预订餐位	65
任务工单4.1.3	取消预订	69
任务工单4.1.4	班前例会	73
任务工单4.1.5	开餐前的环境卫生准备	75
任务工单4.1.6	开餐前的服务用品准备	76
任务工单4.1.7	迎宾引位的流程	79
任务工单4.1.8	问位开茶的流程	80
任务工单4.1.9	推销菜肴和酒水的技巧	84
任务工单4.1.10	点菜服务流程	86
任务工单4.1.11	上菜服务流程	90
任务工单4.1.12	席间服务流程	93
任务工单4.1.13	结账收款	97
任务工单4.1.14	送客收尾	100
任务工单4.2.1	中餐宴会的种类和特点	103
任务工单4.2.2	中餐宴会的台型设计	104
任务工单4.2.3	中餐宴会的座次安排	106
任务工单4.2.4	中餐宴会席位安排流程	108
任务工单4.2.5	宴会前的组织准备工作	110
任务工单4.2.6	宴会的迎宾工作	112
任务工单4.2.7	宴会中的就餐服务	114
任务工单4.2.8	宴会结束工作	116

项目5　中餐厅常见问题的处理 …………………………… 119

- 任务工单5.1.1　客人投诉类型 ……………………………………………119
- 任务工单5.1.2　处理投诉的原则 …………………………………………120
- 任务工单5.1.3　投诉处理技巧和具体投诉事件的解决方法 ………………121
- 任务工单5.2.1　中餐服务过程中的应急服务 ……………………………123

项目6　餐厅家具、设备、餐具的使用与保养 …………… 125

- 任务工单6.1.1　餐厅常用家具的种类及用途 ……………………………125
- 任务工单6.1.2　餐厅常用家具的保养 ……………………………………126
- 任务工单6.2.1　餐厅设备的种类及用途 …………………………………127
- 任务工单6.2.2　餐厅服务设备的保养 ……………………………………128
- 任务工单6.3.1　餐具的种类及用途 ………………………………………129
- 任务工单6.3.2　各类餐具的保养 …………………………………………130

项目1　认识餐饮部

任务工单1.1.1　餐饮部在酒店中的地位和作用

【实训任务】

请调查你所在地的 1~2 家五星级酒店，了解餐饮部员工占酒店总员工的比例，餐饮部收入占酒店总收入的比例，并记录在表 1 中。

表 1　实训任务：调研本地五星级酒店

姓名：	班级：	学号：
调研酒店：		
调研目的：了解该酒店员工总数、餐饮部及各分部员工人数；该酒店去年营业额、餐饮营业额		
调研方式（网络查询、咨询酒店管理人员、调查问卷等）：		
请列出你打算提的问题，并记录得到的答案：		
总结调研结果：		
调研中你是否遇到困难，你是怎样克服的？		

【案例思考】

一条鱼引起的投诉

王先生中午带着客户到酒店的中餐厅用餐,服务员将王先生一行安排到餐桌前。王先生为显示热情,5个人点了很多菜,其中一道是"清蒸鲟鱼"。餐厅近日推出了推销海鲜提成的方法,服务员小李高兴得没问客人要多大的鱼,直接给客人下单了。

点的菜陆续上桌了,客人们一边聊天一边用餐。菜品丰富,大家快酒足饭饱了,一位客人想起还有一道"清蒸鲟鱼"没有上桌,就赶忙催小李快点儿上。鱼端上来了,大家都愣住了!"好大的一条鱼啊!足足有3斤重,这怎么吃得完呢?""服务员,谁让你做这么大一条鱼啊!我们根本吃不下。"王先生说道。"可您也没说要多大的鱼呀?"小李反问道。"你们在点菜时应该问清客人要多大的鱼,加工前还应该让我们看一看呀。这条鱼太大,我们不要了,请退掉!"王先生毫不退让。"先生,实在对不起,如果这条鱼您不要的话,餐厅就要扣我的钱了,请您务必包涵一下吧!"小李的口气软下来。王先生很生气:"这个菜的钱我们不能付,不行的话就请你们经理过来处理。我看你们是个高星级酒店,才请我的客人来这里用餐,怎么就这样的服务态度呢?太令人失望了!"

讨论:

1. 此案例中的客人王先生为什么生气?服务员小李有哪些做得不好的地方?

2. 你认为以上的事件会对酒店造成哪些方面的影响?餐厅应该怎样处理才好?

任务工单1.1.2 餐饮部组织机构设置原则

【思考探究】

请你根据所在班级班干部设置情况,画一份班干部组织结构图,并思考班级的组织架构是否遵循了餐饮部组织机构的设置原则。

任务工单1.1.3 餐饮部组织机构的一般模式

【实训任务】

请调查你所在地的一家五星级酒店和一家国际集团酒店，比较其餐饮部组织机构设置差异，填写表1。

表1 实训任务：不同酒店餐饮部组织机构设置差异

姓名：	班级：	学号：
调研时间：		
调研目的：比较不同酒店餐饮部组织机构设置差异		
调研方式：	调研方式：	
酒店1 名称： 性质： 星级： 餐饮部组织机构：	酒店2 名称： 性质： 星级： 餐饮部组织机构：	
总结调研结果和收获：		
思考：酒店的组织机构是根据酒店规模决定还是根据酒店管理的需要决定的？		

任务工单1.1.4　餐饮部下属主要部门的主要职责

【案例思考】

晚宴服务部门

某公司计划于6月开展一次各市代理商负责人共约50人的会议，由外联部负责人张先生联系酒店接待，并于6月18日在酒店中餐厅举行一次晚宴。张先生找到了酒店宴会部李经理商量晚宴的事宜。届时晚宴活动中至少有2道海鲜菜，菜品以广东清淡口味为主，需每桌提供2瓶红葡萄酒。

讨论：

从张先生预订晚宴到用餐及用餐完毕，酒店餐饮部和酒店哪些部门需参与到整个服务全过程中？他们分别都负责哪些内容？请将相关部门及其负责的任务写下来。

任务工单1.1.5　餐饮部与其他部门的协调合作

【思考探究】

请用你自己的话向小组成员解释清楚餐饮部与其他部门的协调合作关系。如果第一次不能讲解清楚，请再次认真阅读课程内容后向小组成员讲解，直到你能讲清楚为止。

任务工单1.1.3　餐厅及其种类

【思考探究】

1. 请分别列举出 1 ~ 2 个当地有名的中餐厅、咖啡厅、特色餐厅、自助餐厅。

2. 请列举出你见过或听说过的特色餐厅，并向同学们介绍其地理位置和经营特点。

3. 请和同学分享你去过的，令你印象深刻的餐厅，并描述一下这个餐厅的特色。

4. 请根据学习内容，用表格或思维导图的形式归纳总结餐厅的分类。

任务工单1.1.4　中餐厅的经营特点

【案例思考】

泰国东方酒店

企业家李先生到泰国出差，他第二次入住东方酒店。

第二天早晨，李先生走出房门准备去餐厅，楼层服务生问："李先生，您是要用早餐吗？"李先生很奇怪，反问道："你怎么知道我姓李？"楼层服务生回答："我们酒店规定，晚上要背熟所有客人的姓名。"

李先生愉快地乘电梯下至餐厅所在楼层，刚出电梯，餐厅服务生迎上前说："李先生，里面请。"李先生有些疑惑，问道："你怎么知道我姓李？"餐厅服务生微笑着回答："我刚接到楼层服务电话，说您已经下楼了。"

李先生走进餐厅。服务员殷勤地问："李先生还要老位子吗？"李先生好奇："上一次在这里吃饭已经是一年前的事了，难道你们还记得？"服务员主动解释："我刚刚查过记录您去年6月9日在靠近第二个窗口的位子上用过早餐。"李先生有些激动，忙说："老位子！对，老位子。"服务员接着问："老菜单？一个三明治、一杯咖啡、一个鸡蛋？"李先生已经极为感动了："老菜单，就要老菜单！"

此后三年多，李先生因业务调整再没去过泰国，可是在李先生生日的时候，突然收到了一封东方酒店发来的生日贺卡：亲爱的李先生，您已经三年没有来过我们这里了，我们全体人员都非常想念您，希望能再次见到您！今天是您的生日，祝您生日愉快！

李先生非常感动，决定下次去泰国还会住东方酒店。

讨论：

1. 案例中，东方酒店为什么能做到每位员工都称呼出客人的姓氏，并做到让李先生感动？你认为最重要的是什么？

2. 为什么李先生决定下次去泰国还会住东方酒店，是什么打动了李先生？

任务工单1.2.1　餐饮产品的含义及特点

【思考探究】

1. 请你分享印象深刻的一次餐厅用餐经历，并评价当时服务员的服务及你自己的感受。

2. 对于"Service"中各字母的理解，请你至少选2个字母举例说明，在对客服务中怎样去体现这个字母的含义。

3. 请归纳"餐饮产品的含义及特点"任务学习的内容，记录在表1中。

表1　餐饮产品的含义及特点

线索栏（请归纳知识要点，方便记忆）	笔记栏（请用简洁的文字记录学习内容）
1. 餐饮产品含义。 2. 餐饮服务的概念。	1. 菜点制品、餐饮环境和气氛、餐饮服务特色和水平、产品销售形式。 2. 无形的服务产品（就餐环境、热情周到服务等）
总结栏	1. 请不要看前面的内容，自己回顾学习的知识点，看看能掌握多少。 2. 你在哪些方面有疑问？请列出来，并与同学或老师讨论解决方案。

任务工单1.2.2　餐厅服务质量的特点

【思考探究】

在餐饮服务质量管理中有这样一个公式：100-1=0。你是如何理解的？请写出来，并在课堂上和同学们分享。

任务工单1.2.3　餐饮服务质量控制方法

【案例思考】

餐饮服务质量管理

王女士是在某城市喜来登饭店逐步成长起来的餐饮部经理,她在成长过程中参加了领导技能、培训员工的技能、沟通与展示、激励下属员工、餐饮管理等方面的培训。经过几年实践,她深知管理的重要性。她尊重员工,认为只有为员工提供学习与提高的机会才能调动员工的积极性。她本身也重视服务,关注理解客人的需求。

王女士被派往另一城市的 M 饭店协助饭店进行餐饮部的管理。上任后,她和人事部经理检查工作时,惊讶地发现,餐厅服务员和领班在刚刚结束早餐服务的餐厅里尽情享用本该是客人享用的食品。王女士认为,员工都是有觉悟的,惩罚只会伤害他们的自尊心,因此她强调了饭店的纪律,对餐饮部的全体员工进行了培训,但是没有对参与此事的员工提出批评和处罚。

之后的工作中,王女士发现员工不断发生违纪问题和服务不规范怠慢客人的问题,她决定调整管理方法,加强培训的同时也加强现场管理,做到奖罚分明——表现优秀的员工及时奖励,违规的也要及时给予相应的处罚,制度面前人人平等。不久,M 饭店的餐饮服务发生了很大变化,客人和管理层都对王女士的管理予以了肯定。

讨论:

1. 王女士一开始的做法为什么没有引起员工的自我反省?

2. 你认为这个案例对我们从事餐饮服务管理工作有何借鉴意义?

任务工单1.3.1　中餐服务人员的岗位职责

【思考探究】

1. 如果你的中期职业目标是做一名楼面主管,请你对照中餐服务人员的岗位职责要求,看看自己还要在哪些方面努力学习,才能达到一名基层管理者的要求?

2. 为什么餐厅需要专门安排传菜员?他在厨房和楼面值台员之间起到怎样的作用?

3. 结合对餐饮部组织机构的学习,请思考餐饮部除了上述常见的岗位,还有哪些岗位?它们的组织结构关系又是怎样的呢?

4. 结合自己目前学到的知识和技能,你认为自己能适合以上哪个工作岗位?为什么?

任务工单1.3.2　中餐服务人员应具备的素质和能力

【思考探究】

1.通过学习中餐服务人员应具备的思想素质，你认为自己哪些方面已达到要求？哪些方面需要进一步努力？

2.你平均每周锻炼几次，每次锻炼大约多长时间？你感觉你的身体状况能胜任中餐服务员的岗位吗？你认为你还需要加强哪些身体素质方面的锻炼？

【案例思考】

服务语言的重要性

几位客人在中餐厅愉快地用完餐，准备结账，值台服务员拿着账单迅速来到餐桌旁，对客人简单地说："先生，二百五。"客人听了很不高兴，委婉地提醒服务员："是不是算错了？"服务员快速核实后，再次向客人肯定地说："没错呀，是二百五。"客人很不高兴。

分析思考：

1.案例中客人为什么会不高兴？

2.本案例反映了中餐服务人员应具备哪些能力？

任务工单1.3.3　中餐服务人员的形象和礼仪

【思考探究】

1. 在平时的生活和学习中，你会注意仪容仪表的哪些方面？

2. 对照中餐服务人员的仪容仪表要求，看看自己有哪些方面做得比较好的，哪些方面还需要改进的，请分别列出。

任务工单1.3.4　中餐服务人员的仪态姿势

【案例思考】

希尔顿酒店的礼仪

早年希尔顿投资经营旅馆。当他的资产从1.5万美元奇迹般地增值到几千万美元后，母亲说："依我看，你必须把握比100万美元更值钱的东西：除了对顾客忠诚，还要想办法使希尔顿旅馆的人住过了还想再来住，你要想出这样的简单、容易、不花本钱而行之久远的办法来吸引顾客．这样你的旅馆才有前途。"

母亲的忠告使希尔顿深入思考：究竟什么办法才具备母亲指出的这四个条件呢？于是他逛商店串旅店，从自己作为一个顾客的亲身感受中得出了"微笑服务"的答案。从此，希尔顿实行了微笑服务这一独创的经营策略。每天他对服务员说的第一句话是："今天你对顾客微笑了吗？"他要求每个员工不论如何辛苦，都要对顾客报以微笑。

1930年，西方国家普遍爆发经济危机，这也是美国经济萧条严重的一年，美国旅馆倒闭了80%。希尔顿的旅馆也一家接一家地亏损不堪，曾一度负债50亿美元。希尔顿并不灰心，而是充满信心地对员工说："目前正值旅馆亏空，靠借债度日的时期，我决定强渡难关，请各位记住：千万不可把愁云挂在脸上，无论旅馆本身遭遇的困难如何，希尔顿旅馆服务员的微笑永远是属于顾客的阳光。"经济危机中纷纷倒闭后幸存的20%的旅馆中，只有希尔顿旅馆服务员面带微笑。经济萧条刚过，希尔顿旅馆便率先进入了繁荣时期，跨入了黄金时代。

讨论：

1. 在对客服务过程中，除了娴熟的服务技巧，还有哪些重要的注意事项？

2. 案例中希尔顿旅馆为什么这么重视微笑服务？

【实训任务】

（一）微笑训练

你见过哪些训练微笑的方法？跟大家分享一下，与同学一起来练习10分钟，并填写表1。

表1 实训任务：微笑训练

姓名：		班级：	学号：	
共同训练伙伴：				
训练方法：				
训练时间：				
如果给训练效果评价A、B、C、D四个等级，请你给小组的小伙伴给予评价，在对应的等级中画√，并描述出优缺点				
评价记录：		练习人员：		
训练后效果评价	A	B	C	D
1.嘴角微微上扬，自然露出6~8颗牙齿				
2.目光亲切，与客人交流时，眼睛注视客人的眼鼻三角区				
3.口眼结合，表情轻松自然，发自内心真诚地微笑				

（二）仪态训练

1. 模拟情境：中餐厅服务员迎宾服务。
2. 训练方法：情景模拟法。

（1）以小组为单位，结合学习的仪态知识，训练展示以下情景中应注意的礼仪。

元旦节就要来临，酒店的协约企业——某公司准备在酒店中餐厅举行春茗会，公司的总经理也会参与，公司外联人员希望餐厅能在客人到来时，提供最优质的的服务。

（2）每个小组成员分别扮演客人和服务人员，进行迎宾服务模拟。

（3）小组成员互换角色进行训练。

3. 填写表2。

表2　实训任务：仪态训练

姓名：	班级：	学号：
实训场地：		你的角色：
场景假设：餐厅迎宾服务		
实训过程中你做得好的地方：		
你在实训过程中有待改进的地方：		

（三）递接物品

1. 模拟情境：餐厅服务员需递送签字笔给客人签名。

2. 训练方法：情景模拟法。

两名同学分别扮演餐厅服务员和客人，服务员递送签字笔给客人签名。

3. 填写表3。

表3　实训任务：递接物品

姓名：	班级：	学号：
实训场地：		你的角色：
场景假设：餐厅服务员需递送签字笔给客人签名		
实训过程中你做得好的地方：		
你在实训过程中有待改进的地方：		

任务工单1.3.5　电话礼仪

【实训任务】

1. 实践情境：中餐实训场地。

2. 训练方法：情景模拟法。

（1）分小组设计情景对话。

情景一：某客人打电话要预订包间，约6人用餐，服务员帮助客人落实预订。

情景二：客人在之前的预订人数基础上要增加人员，客人与服务员沟通，解决预订包间大小的问题。

（2）每个小组成员分工扮演客人或服务员，进行电话沟通。

（3）小组成员互换角色进行训练。

3. 填写表1。

表1　实训任务：电话沟通

姓名：		班级：		学号：	
实训场地：				你的角色：	
对话语言：					
实训过程中你做得好的地方：					
你在实训过程中有待改进的地方：					

任务工单1.3.6　交谈礼仪

【思考探究】

1. 请你思考平时沟通时的常用礼貌用语，在表1对应的项目中列举出2～3句示例语言。

表1　常用礼貌用语

五声	示例
迎宾声	
称呼声	
致谢声	
道歉声	
送客声	

2. 生活中你还有哪些常用的礼貌称呼？请写出来。

3. 你在平时生活和学习中有哪些沟通的小技巧？列出来，也可以举例说明。

【实训任务】

快到中秋节了,很多客人提前向餐厅预订中秋团圆宴。假如你是某中餐厅服务员,刚好接到一位李先生要给自己一家五口预订中秋节晚宴,请你跟同学模拟电话预订时可能用到的对话,具体内容可以根据你假设的情况增减,并填写表2。

表2 实训任务:模拟电话预订中秋晚宴

姓名:	班级:	学号:
请给餐厅取一个有中国特色的餐厅名字:		
客人用餐人数:		
客人到餐厅时间:		
客人特殊要求:		
写出完整的电话预订对话内容:		

项目2　中式菜点与酒水知识

任务工单2.1.1　中国菜的特点和构成

【知识归纳】

请完成表 1 中国菜的特点和构成的填写。

表 1　中国菜的特点和构成

中国菜特点	1._____ 3._____ 5._____	2._____ 4._____ 6._____
中国菜系划分	1._____菜	组成： 特点： 烹饪方法： 代表名菜：
	2._____菜	组成： 特点： 烹饪方法： 代表名菜：
	3._____菜	组成： 特点： 烹饪方法： 代表名菜：
	4._____菜	组成： 特点： 烹饪方法： 代表名菜：
	5._____菜	组成： 特点： 烹饪方法： 代表名菜：
	6._____菜	组成： 特点： 烹饪方法： 代表名菜：

续表

中国菜系划分	7._____菜	组成： 特点： 烹饪方法： 代表名菜：
	8._____菜	组成： 特点： 烹饪方法： 代表名菜：

【思考探究】

米其林餐厅的评价标准并不仅仅在于主观的食物美味与否，还有更多如环境、服务、气氛等客观条件可供评价。

请同学们思考一下：中餐厅除了在保证各菜系菜肴的味道纯正、特色突出，能否在服务和环境上多下功夫，从而进一步提升中餐厅的水准，并把中国菜推广到更大的世界舞台，且经受得起时代的考验？

【实训任务】

假设你是一个在粤菜/川菜馆工作的餐厅服务员，需要分别接待"夕阳红"旅游团、带孩子的夫妻三人、宴请外地朋友的本地客人，请你为他们提供点菜服务。

请你自行查找资料，向客人介绍本餐厅菜肴的菜系、风味、特色菜品，结合时令为客人推荐菜肴，并且解释原因。填写表2。

表2 推荐菜品单

客户群体	代表菜系	风味特色	当下时令	特色菜品	推荐理由
"夕阳红"旅游团					
带孩子的夫妻三人					
宴请外地朋友的本地客人					

任务工单2.1.2　中式面点的特点与流派

【知识归纳】

请完成表1中式面点的特点与流派的填写。

表1　中式面点的特点与流派

中式面点的特点	1.称谓由来：
	2.
	3.
	4.
中式面点的流派	1.三大流派
	2.京式面点　以_____为代表，擅长_____ 代表点心：_____
	3.广式面点　以_____为代表，最早以_____为主，后汲取_____和_____，有独特的_____ 代表点心：_____
	4.苏式面点　以_____为代表，具有_____、_____、等特色； 代表点心：_____

【思考探究】

在学习了本课关于中式面点的知识后，请介绍2～3款自己家乡代表性的面点美食，或者把你最喜欢吃的面点推荐给同学，并介绍推荐这款面点的理由。

任务工单2.2.1　酒的概念及分类

【知识归纳】

请完成表1酒的概念及分类的填写。

表1　酒的概念及分类

酒的功效		
酒的分类	1.酒精浓度	
	2.生产工艺	
	3.特点不同	

任务工单2.2.2 酒的功能

【思考探究】

在学习了酒的功能的知识后,请结合酒的分类知识,假设你要招待自己的同桌一家人到你家中做客,推荐自己家乡(大到省份、小到市县)出产的 2~4 种酒饮品,并根据这几种酒饮品的特点,具体介绍它们的功能。

任务工单2.2.3　白酒知识

【知识归纳】

请完成表1白酒知识的填写。

表1　白酒知识

白酒特点	原材料	
	酒精度	
	酒液特质	
		白酒品牌
白酒香型	浓香型	
	清香型	
	酱香型	
	米香型	
	兼香型	

【案例思考】

宴请客人

11月11日这天，对于张先生一家人来说是个重要的日子，因为张先生的领导要来家里做客。张先生一大早就派自己妻子去买酒买菜。菜好买，这是张太太之所长，但在买酒方面，张太太遇到一些麻烦。

服务员："请问需要什么酒呢？白酒还是红酒？"

张太太："白酒吧。"

服务员："那您大概想要什么度数的，高度的还是中度的？"

张太太："这……"

服务员："或者说您想要什么香型的酒呢？"

张太太："不懂啊！"

服务员："要不您就说说，您大概想要什么价位的酒吧！"

张太太："什么价位？我也不确定！"

张太太急忙打电话询问丈夫，可张先生的电话一直处于无人接听的状态……

讨论：

1. 如果你是张太太，买酒前要做哪些功课呢？

2. 你了解中国的名酒吗？

任务工单2.2.4　黄酒知识

【知识归纳】

请完成表1黄酒知识的填写。

表1　黄酒知识

黄酒特点	原材料	
	酒精度	
	酒质	
黄酒类型（按照国标）	1. 2. 3. 4.	
黄酒品牌	江南地区	绍兴黄酒： 苏式老酒： 福建：
	中部和北方地区	湖北： 胶东半岛：
	南方地区	
黄酒感官鉴别	三个角度	1. 2. 3.

【思考探究】

1. 通过学习中国黄酒的内容，我们了解到黄酒拥有悠久的历史、成熟的制作工艺，以及丰富的品种，且配餐方面也有广泛的群众基础。但是在市场方面，黄酒却远没有白酒和葡萄酒的名气，品牌效应并不突出。在中餐服务层面，我们可以在什么方面促进黄酒的销售？

2. 在学习了我国各地方黄酒的知识后，请介绍自己家乡黄酒品牌的特性、功效以及相佐配的菜肴。

任务工单2.2.5　葡萄酒知识

【知识归纳】

请完成表 1 葡萄酒知识的填写。

表 1　葡萄酒知识

葡萄酒特点	基本特征	
	好的葡萄酒_____	
	适当饮用葡萄酒_____	
葡萄酒类型 （按酒液色泽分类）	1.红葡萄酒： 2.白葡萄酒： 3.	
中国葡萄酒品牌	传统品牌	
	新兴品牌	
葡萄酒感官鉴别	四个角度	

任务工单2.2.6　啤酒知识

【知识归纳】

请完成表1啤酒知识的填写。

表1　啤酒知识

啤酒特点	1. 2. 3.
啤酒类型 （按照酒液色泽分类）	1. 2. 3.
中国啤酒品牌	
啤酒感官鉴别	1. 2.

任务工单2.3.1　中国茶知识

【知识归纳】

请完成表1中国茶知识的填写。

表1　中国茶知识

茶的类型 （按制作工艺分类）	1.　　　　　　　　　　　　；代表： 2.　　　　　　　　　　　　；代表： 3.　　　　　　　　　　　　；代表：
茶的类型 （按茶叶特质分类）	1. 2. 3. 4. 5. 6.
茶的保健功能	
茶与点心的搭配	

【实训任务】

假设你是一个中餐服务员，需要分别接待"夕阳红"旅游团、带孩子的夫妻三人、宴请外地朋友的本地客人，请你为他们提供茶水服务。

请你自行查找资料，根据不同的客户群体，撰写一个推销某款茶的推荐词和搭配的茶点。

任务工单2.3.2　其他软饮料

【知识归纳】

请完成表1其他软饮料知识的填写。

表1　其他软饮料知识

酒、茶以外的饮料类型	1.　　　　　　　　2. 3.　　　　　　　　4. 5.　　　　　　　　6.
世界三大饮料	
咖啡功效	1.　　　　　　　　2. 3.　　　　　　　　4.
可可	被誉为_____，可加工制成_____和各种_____食品
牛奶	含有丰富的供应人体热量的_____、_____、_____，和人体所需最主要的_____以及_____，可制成_____等多种饮料
果汁	富含_____、_____、_____以及有机酸
碳酸饮料	含有大量_____的_____饮料，如_____、_____、_____
矿泉水	从_____流出来的，含有多种_____的泉水，如_____、_____等品牌

【案例思考】

茶叶的来源

陆羽《茶经》里说："茶之为饮，发乎神农氏。"传说中的神农氏是茶的发现者，同时他也是传说中发明药物来治疗疾病的人。

神农氏为了辨别草物的药理作用，曾经亲口品尝百草。有一次他在野处考察休息时，用釜（相当于现代的锅）煮水，恰巧有几片叶子飘落进来，使釜里的水变成黄绿色。神农氏不以为意，喝了一点水，却惊奇地感觉到，这黄绿色的水味道清香。随着时间的推移，神农氏得出了这种叶子有解渴生津、提神醒脑和利尿解毒的作用。这便是传说中茶的来源。

讨论：

1. 茶叶是如何被发现的？

2. 茶的功效有哪些？

项目3　中餐基本服务技能

任务工单3.1.1　托盘操作的要领

【思考探究】

通过学习微课之后，小组共同探究以下问题：

1. 目前酒店一般使用的托盘所托的重量是多少千克？

2. 在正常情况下，我们是用左手还是右手托托盘？

3. 托托盘时，上下手臂要注意哪些问题？

4. 手掌打开之后，怎样与托盘接触才是正确的？

5. 托托盘时，到底是身体哪里发力才能保证托得又稳又轻松？

【实训任务】

1. 工作情境：为客人上矿泉水。

3号桌的几位客人需要4瓶550 mL的矿泉水，请你为客人送过去。

2. 工作准备：干净、完好的托盘（含托盘垫）1个；6瓶550 mL怡宝矿泉水。

3. 个人练习：根据前面对托盘的认识及托盘技能的学习，请按照表1~表4实训任务的要求，为3号桌的客人送上4瓶矿泉水。

表1 实训任务：正确姿势托物稳定练习

物品准备：	2瓶550 mL矿泉水
情境角色：	餐厅服务员
工作任务：	利用2瓶矿泉水，坚持正确托盘姿势5分钟，连续3次，中间间隔休息1分钟
请根据你的任务完成情况奖励给自己对应的星星数量：☆☆☆☆☆	
在完成任务过程中，你遇到了哪些困难，或者你觉得自己哪些方面还需要提升？	

表2 实训任务：托物力量练习

物品准备：	6瓶550 mL矿泉水
情境角色：	餐厅服务员
工作任务： ①先从2瓶矿泉水开始，原地托物3分钟，保持正确托盘姿势； ②增加到4瓶矿泉水，原地托物3分钟，保持正确托盘姿势； ③如果你是一位男士，请你增加到6瓶矿泉水，原地托物3分钟，保持正确托盘姿势	
请根据你的任务完成情况奖励给自己对应的星星数量：☆☆☆☆☆	
在完成任务的过程中，你遇到了哪些困难，或者你觉得自己哪些方面还需要提升？	

表3 实训任务：固定力量变换姿势练习

物品准备：	4瓶怡宝矿泉水
情境角色：	餐厅服务员
工作任务：	利用4瓶矿泉水，在手臂开与合的过程中，能够掌握托盘托物的稳定性
请根据你的任务完成情况奖励给自己对应的星星数量：☆☆☆☆☆	
在完成任务的过程中，你遇到了哪些困难，或者你觉得自己哪些方面还需要提升？	

表4　实训任务：托盘运用练习

物品准备：4瓶怡宝矿泉水
情境角色：餐厅服务员
工作任务：请你按照老师指定路线，为3号桌的客人送上4瓶矿泉水
请根据你的任务完成情况奖励给自己对应的星星数量：☆☆☆☆☆
在完成任务的过程中，你遇到了哪些困难，或者你觉得自己哪些方面还需要提升？

【实训反思】

学习了本任务的内容，通过不断训练之后，你现在掌握如何使用托盘了吗？你可以自如地用托盘为客人运送物品了吗？你认为学习中你收获了哪些知识和技能？

【案例思考】

托盘事故

某酒店宴会大厅正在举行隆重的宴会，客人在舒缓的音乐声中自由交谈、轻松就餐。这时，一位男服务员用大方托盘托着装有饮料的杯子向客人走来，一不小心，托盘上的饮料杯翻倒，全部洒在邻近的一位客人身上，响声惊动了所有客人，大家的目光一齐投向这位客人……最终，引起客人投诉。

讨论：

1. 这位服务员造成失误的原因是什么？

2. 我们如何才能运用托盘提供熟练自如的服务？

3. 你觉得餐厅服务员在服务过程中，有哪些方面需要注意？

任务工单3.2.1　餐巾及餐巾折花基本知识

【实训任务】

1. 工作情境：岗前餐巾花基本技法练习。
2. 工作准备：纯棉餐巾布1块；餐巾盘或相对平滑的桌面。
3. 个人练习：通过对餐巾花基本技法的学习，请按照表1和表2实训任务的要求，完成8个基础技法的视频拍摄。

表1　实训任务：认技法

闯关任务		说一说你看到的餐巾花都采用了什么样的基本技法
餐巾花型		所使用的技法：
		所使用的技法：
		所使用的技法：
		所使用的技法：
		所使用的技法：
任务完成评价		请根据你的任务完成情况奖励给自己对应的星星数量：☆☆☆☆☆

表2 实训任务:练技法

工作任务	请你根据知识加油站提供的教学微课,按以下顺序完成8个餐巾折花的基础技法,请同伴帮你拍成视频,上传到学习平台
完成顺序	1.叠;2.推;3.卷;4.翻;5.拉;6.捏;7.掰;8.包
上传地址	学习通平台
任务完成评价	请根据你的任务完成情况奖励给自己对应的星星数量:☆☆☆☆☆ 请同伴或者老师对你的任务完成情况进行星级评定:☆☆☆☆☆
任务反思	在完成任务的过程中,你遇到了哪些困难,或者你觉得自己哪些方面还需要提升?

任务工单3.2.2 基础杯花的折叠方法

【实训任务】

1. 工作情境：餐厅最近要举办新员工基本服务技能大赛，考核他们对基本服务技能的掌握情况，你是被分配到餐巾花项目的比赛选手之一，需要你能够在赛场上7分钟之内完成10朵餐巾杯花的折叠并正确摆放在宴会席位上。

2. 工作准备：餐巾布10块，水杯10个，餐巾盘1个，计时器1个。

3. 个人练习：带班师父给你安排了训练计划，请你按照表1~表5实训任务的要求练习，希望你在最后的餐巾花比赛项目中能够拿到好成绩。

表1 实训任务：植物杯花

工作任务	请你根据视频中所教的内容，挑选完成5个植物杯花。时间无要求。请你将每朵花的折叠视频拍下来上传到学习平台中
工具准备	餐巾布5块，水杯5个，餐巾盘1个
任务提示	折叠植物杯花的过程中，要特别注意花的叶子是否挺阔。植物花比较讲究花的对称性、折褶儿的匀称和整齐，每次拿捏第一褶的时候需要特别注意褶的大小控制在2~2.5厘米，手使劲地捏紧，这样能够保证在后面成形的时候花型不散
任务自评	请根据你的任务完成情况奖励给自己对应的星星数量：☆☆☆☆☆
任务反思	在完成任务的过程中，你遇到了哪些困难，或者你觉得自己哪些方面还需要提升？

表2 实训任务：动物杯花

工作任务	请你根据视频中所教的内容，挑选完成5个动物杯花。时间无要求。请你将每朵花的折叠视频拍下来上传到学习平台中
工具准备	餐巾布5块，水杯5个，餐巾盘1个
任务提示	动物杯花在折叠的时候经常会采用的技法是"捏"，主要用于做各种鸟头的时候，这是能够呈现出鸟类动物活灵活现的重要一步。因此你在学习鸟类巾花的时候一定要反复练习"捏"这个技法，才能够做出更加漂亮的动物杯花
任务自评	请根据你的任务完成情况奖励给自己对应的星星数量：☆☆☆☆☆
任务反思	在完成任务的过程中，你遇到了哪些困难，或者你觉得自己哪些方面还需要提升？

项目3 中餐基本服务技能

表3 实训任务：速度练习

工作任务	请你根据视频中所教的内容，在规定的3分钟内完成5朵餐巾花。花型无要求，只要是视频内所教即可。请你将每朵花的折叠视频拍下来上传到学习平台中
工具准备	餐巾布5块，水杯5个，餐巾盘1个
任务提示	当进行速度练习的时候，不要一味为了追求快而忽略了餐巾花折叠质量，因为最终质量才是第一要素
任务他评	请你邀请老师或同学对你的任务完成情况进行星级评定：☆☆☆☆☆
评价标准	（1）花型突出正、副主人位，整体协调； （2）巾花观赏面向客人，巾花种类丰富、款式新颖； （3）巾花挺拔、造型美观、花型逼真，落杯在1/2～2/3处； （4）操作手法卫生，不用口咬、下巴按、筷子穿； （5）折叠手法正确、一次成形
任务反思	在完成任务的过程中，你遇到了哪些困难，或者你觉得自己哪些方面还需要提升？

表4 实训任务：终极任务

工作任务	本轮任务需要你模拟餐巾花比赛，在7分钟之内完成10朵不同的餐巾花，我们将请各位参赛选手一起现场比赛
工具准备	餐巾布10块，水杯10个，餐巾盘1个
任务提示	这个任务对于目前的你来说难度并不大，但是要拿到好成绩还是需要将餐巾花的质量做好，注重细节，注重基础技法的操作
任务师评	请邀请老师对你的餐巾花进行点评和星级评定：☆☆☆☆☆
任务反思	在完成任务的过程中，你遇到了哪些困难，或者你觉得自己哪些方面还需要提升？

表5 拓展任务：设计属于你的餐巾花

工作任务	请你开动思维，通过所学的餐巾花技法，设计一款属于你的餐巾花，让它像你一样成为独一无二的存在
工具准备	餐巾布1块，水杯1个，餐巾盘1个
任务提示	餐巾花的创作并没有对错之分，只要你有理有据，形象神似，能够运用规范的餐巾折叠技法，便可以设计出一个高度、大小合适的巾花，记得为它取一个名字
任务他评	邀请酒店服务竞赛队的队员对你的餐巾花进行点评并奖励对应的星星数量给你，如果他们觉得你的餐巾花可以直接作为竞赛用花，可直接给5颗星：☆☆☆☆☆
任务反思	在完成任务的过程中，你遇到了哪些困难，或者你觉得自己哪些方面还需要提升？

任务工单3.2.3 基础盘花的折叠方法

【实训任务】

1. 工作情境：酒店的早餐餐厅最近想让员工学习一些好看的餐巾盘花，改变以往早餐备餐摆位的单一。作为上次代表部门参加餐巾花比赛的冠军获得者，经理想让你作为老师教员工一些好看的餐巾盘花，幸好你在学校学了一手，接下来就是你绽放魅力的时候了。

2. 工作准备：餐巾布10块，骨碟10个，餐巾盘1个，计时器1个。

3. 个人练习：请你按照表1和表2实训任务的要求练习，以便能成为一位教学的老师。

表1 实训任务：盘花大收集

工作任务	请你将微课里所教的餐巾盘花都学会，然后准备好与其他同学进行餐巾盘花比赛
工具准备	餐巾布1块，餐巾盘1个，骨碟1个
任务提示	在学习餐巾盘花的时候，你需要特别记忆每朵餐巾花的折叠方式，因为很多餐巾盘花所采用的技法不多，但是手法反复容易混淆
任务自评	请你根据你的任务完成情况奖励给自己对应的星星：☆☆☆☆☆
任务反思	在完成任务的过程中，你遇到了哪些困难，或者你觉得自己哪些方面还需要提升？

表2 实训任务：谁的盘花最好看

工作任务	此任务是希望你能够在全班的餐巾盘花中脱颖而出，让你真正有底气成为教学的老师。请你在规定的2.5分钟之内折叠出6朵漂亮的餐巾盘花，与你的同学比一比谁的花更漂亮
工具准备	餐巾布6块，餐巾盘1个，骨碟6个
任务提示	要想餐巾盘花折叠出来更加好看，需要在折叠的过程中特别注意餐巾布边角的对称、角度的拿捏以及手法的运用，从餐巾花呈现出的细节上就可以看出花的造型是否更胜一筹
任务他评	请找到10位同学，让他们对你的餐巾花进行投票，每2票代表1颗星，看你最后能得到几颗星星：☆☆☆☆☆
任务反思	在完成任务的过程中，你遇到了哪些困难，或者你觉得自己哪些方面还需要提升？

【实训反思】

同学们,学习到了这里,你掌握了多少种餐巾花的折叠方法呢?你觉得餐巾花有意思吗?所谓熟能生巧,多多练习之后餐巾花不仅能够折叠得快,更能折叠得好。餐巾花作为宴会席面上的点睛之笔是非常重要的也是难度较大的技能之一,能够帮助你成为一名更加专业的中餐服务员,因此一定要好好掌握这项技能。

任务工单3.3.1　葡萄酒的开瓶与侍酒

【思考探究】

1. 在一般葡萄酒侍酒服务中，可以采用哪些冰镇的方式？

2. 在葡萄酒侍酒服务中，常备的酒具有哪些？

3. 葡萄酒在现在的餐桌上经常需要开酒和侍酒，请你根据视频里所教的内容，先看看自己是否已经掌握了开瓶的相关知识，并回答以下问题。

专业所用的葡萄酒开瓶器俗称_____。这种开瓶器分为四部分，分别是：_____、_____、_____、_____。

【实训任务】

1. 工作情境：熟客张先生又来酒店中餐厅用餐了，他在中餐厅吃饭除了对菜品很满意，也非常认可我们的服务。今晚他特地点了一瓶红葡萄酒准备宴请他带过来的客人，你作为接待他的服务员，能够为他做好侍酒服务吗？

2. 工作准备：葡萄酒1瓶，专业开瓶器1个，侍酒巾1条，小碟子1个。

3. 个人练习：请你在客人来之前与你的搭档按照表1~表3实训任务的要求练习一下，做好为客人服务的准备。

表1　实训任务：开瓶器大作战

工作任务	先选择合适的开瓶器，再说一说以下开瓶器是开哪一类酒水的
请填写不同开瓶器的名称	（　　）　（　　）　（　　）　（　　）　（　　）
任务自评	请你看看自己可以得到多少颗星星：☆☆☆☆☆
任务反思	在完成任务的过程中，你遇到了哪些困难，或者你觉得自己哪些方面还需要提升？

表2　实训任务：优雅地开启葡萄酒

工作任务	请你规范地打开一瓶葡萄酒，将其拍成小视频上传到学习平台上
任务工具	海马刀开瓶器1个、小碟子1个、餐巾纸1张
任务提示	请回忆一下微课中教师是如何开葡萄酒的，充分利用好海马刀开瓶器
任务师评	请老师为你的此次任务评星：☆☆☆☆☆
任务反思	在完成任务的过程中，你遇到了哪些困难，或者你觉得自己哪些方面还需要提升？

表3　实训任务：为客人斟倒葡萄酒

工作任务	请你规范地进行葡萄酒斟酒服务
任务工具	醒酒器、侍酒巾
任务提示	在现在的侍酒服务中，一般服务员先将红酒倒在醒酒器里面，然后为客人斟倒第一次酒，之后就由客人自己斟倒。但真正的瓶斟才是考验服务员基本功的重要内容，在为客人斟酒时注意一定不要滴酒，防止酒水溅到客人的衣物上
任务他评	请找2位同学作为你的客人，让他们感受一下你所操作的整个斟酒服务流程，并让他们为你的表现评星：☆☆☆☆☆
任务反思	在完成任务的过程中，你遇到了哪些困难，或者你觉得自己哪些方面还需要提升？

任务工单3.3.2 中国白酒的侍酒

【实训任务】

1. 工作情境：张先生今晚的菜式非常适合来一杯酱香味的白酒，请你为他推荐一款白酒并为他进行白酒侍酒服务。

2. 工作准备：白酒1瓶，侍酒巾1条，小碟子1个，白酒壶1个。

3. 个人练习：请你在客人来之前与你的搭档按照表1实训任务的要求练习一下，做好为客人服务的准备。

表1 实训任务：白酒侍酒服务

工作任务	请你规范地进行白酒侍酒服务
任务工具	白酒壶1个、侍酒巾1条
任务提示	白酒杯一般容量比较小，因此白酒直接从酒瓶斟倒容易溢洒在餐台上，可借用白酒壶醒酒，才不会浪费客人的白酒
任务他评	请找2位同学作为你的客人，让他们感受一下你所操作的整个斟酒服务流程，并让他们为你的表现评星：☆☆☆☆☆
任务反思	在完成任务的过程中，你遇到了哪些困难，或者你觉得自己哪些方面还需要提升？

任务工单3.3.3 啤酒的侍酒

【实训任务】

1. 工作情境：最近酒店在承办啤酒节，饮用啤酒的客人非常多，刚好你是负责酒水的员工，请你教教其他员工，怎样为客人斟倒啤酒才不会容易溢出。

2. 工作准备：啤酒1瓶，啤酒杯2个，开瓶器1个，侍酒巾1条。

3. 个人练习：请你在客人来之前与你的搭档按照表1实训任务的要求练习一下，做好为客人服务的准备。

表1 实训任务：啤酒侍酒服务

工作任务	请你按照老师所教的方式试试看，啤酒斟倒很容易
任务工具	啤酒1瓶，啤酒杯2个，开瓶器1个，侍酒巾1条
任务提示	请记住一句话："杯壁下流，改斜归正"
任务他评	请你的搭档为你打出服务小星星：☆☆☆☆☆
任务反思	在完成任务的过程中，你遇到了哪些困难，或者你觉得自己哪些方面还需要提升？

任务工单3.3.4　非酒精类饮品的服务技巧

【实训任务】

1. 工作情境：今天餐厅推出了秋季新款饮品雪梨红枣茶，受到很多客人的喜欢，请你在晚班前学习一下怎样为客人进行饮品服务。

2. 工作准备：果汁杯2个，扎壶1个，服务巾1条。

3. 个人练习：请你在客人来之前与你的搭档按照表1实训任务的要求练习一下，做好为客人服务的准备。

（饮品和菜品的搭配及推荐给不同的客人，冷冻或常温饮品是否搭配搅拌棒或吸管）

表1　实训任务：雪梨红枣茶的服务技巧

工作任务	为客人送上雪梨红枣茶
任务工具	果汁杯2个，扎壶1个（内装自来水模拟），服务巾1条
任务提示	请记得微课中提到果汁斟倒的量
任务他评	请你的搭档为你打出服务小星星：☆☆☆☆☆
任务反思	在完成任务的过程中，你遇到了哪些困难，或者你觉得自己哪些方面还需要提升？

【实训反思】

酒水服务会考验同学们斟酒技能的掌握情况。虽然现在实际工作岗位中酒水一般都会先倒在醒酒器、酒壶、扎壶等容器里，再由服务员为客人斟倒，但是托瓶斟酒依然是考验餐饮服务员能力的一个重要指标，在各级各类餐饮服务的技能大赛中，都还是保留了这一技能的考查。因此同学们在学习完本项目之后，一定要掌握怎样为客人侍酒。

任务工单3.4.1 中餐零点餐摆台及其标准

【实训任务】

(一) 中餐零点餐早餐台的摆放

1. 工作情境：下周酒店将会入住一个接近200位客人的大团，早餐服务工作估计会非常忙碌，请你与团队一起合作，在客人来之前练习摆好早餐台，为即将到来的工作做好充分的准备。

2. 工作准备：以一人份为例，骨碟2个，汤碗2个，汤勺2个，筷架2个，筷子2双，茶杯2个，牙签2份，公共餐具一套，餐巾布2块、托盘2个，餐巾盘1个。

3. 个人练习：请你在客人来之前与你的搭档按照表1实训任务的要求练习一下，做好为客人摆台的准备。

表1 实训任务：中餐零点餐早餐台的摆放

工作任务	摆放一个2人位的早餐台
任务工具	骨碟2个，汤碗2个，汤勺2个，筷架2个，筷子2双，茶杯2个，牙签2份，公共餐具一套，餐巾布2块，托盘2个，餐巾盘1个
任务提示	请反复观看微课视频，把你所学的托盘和餐巾花技能都展现出来
任务他评	请你的搭档为你打出服务小星星：☆☆☆☆☆
任务反思	在摆台的过程中，你遇到了哪些困难，或者你觉得自己哪些方面还需要提升？

(二) 中餐零点餐午晚餐台的摆放

1. 工作情境：忙碌的早餐服务时间过去之后还有午餐和晚餐，在酒店服务工作中，经常会接待大型的会议团或活动团，因此自助餐厅的接待会非常忙碌，午晚餐的翻台率也比较高。因此如何又快又好地摆好台，方便客人用餐是十分重要的。

2. 工作准备：以一人份为例，骨碟2个，汤碗2个，汤勺2个，筷架2个，筷子2双，红葡萄酒杯2个，白葡萄酒杯2个，水杯2个，牙签2份，公共餐具1套，餐巾布2块，托盘2个，餐巾盘1个。

3. 个人练习：请你在客人来之前与你的搭档按照表2实训任务的要求练习一下，做好为客人摆台的准备。

表2 实训任务：中餐零点餐午晚餐餐台的摆放

工作任务	摆放一个2人位的午晚餐台
任务工具	骨碟2个，汤碗2个，汤勺2个，筷架2个，筷子2双，红葡萄酒杯2个，白葡萄酒杯2个，水杯2个，牙签2份，公共餐具1套，餐巾布2块，托盘2个，餐巾盘1个
任务提示	请反复观看微课视频，摆放"三杯"的时候注意角度和距离
任务自评	请你为自己打出今天服务训练的小星星：☆☆☆☆☆
任务反思	在摆台的过程中，你遇到了哪些困难，或者你觉得自己哪些方面还需要提升？

任务工单3.4.2　中餐宴会摆台及其标准

【思考探究】

1. 铺设台布的方法一般有_____、_____、_____。
2. 铺设台布一般是在宴会台的_____位置进行。
3. 铺台布的时候要注意哪些问题？
4. 骨碟与骨碟之间的距离大概在_____厘米。
5. 骨碟与桌沿之间的距离是_____厘米。

【实训任务】

（一）准确"拿捏"宴会台布

1. 工作情境：培训部即将检验员工对于宴会铺台布的掌握情况，因为年底会有很多宴会，为了顺利通过考核，请你跟伙伴多多练习。
2. 工作准备：大台布1张，宴会台（加椅）。
3. 个人练习：请你进行多次训练之后，完成表1实训任务并参加考核。

表1　实训任务：准确"拿捏"宴会台布

工作任务	运用3种铺台布的方式将宴会台布铺设平整，中线对齐，下垂均等		
任务工具	大台布1张，宴会台（加椅）		
任务提示	铺台布的时候要注意手臂充分打开，用巧劲儿去开、铺、拉、放		
任务他评	请你的伙伴根据评分标准为你的训练结果送上小星星。 第一种方式如下表所示。		
	项目	标准	分数
	开	能够充分打开台布，动作幅度较小	☆☆☆☆☆
	铺	根据不同的方式使用的手法准确，台布完全打开铺在台面上	☆☆☆☆☆
	拉	能够快铺慢拉，对齐中线	☆☆☆☆☆
	效果	台面平整，中线对齐，下垂均等	☆☆☆☆☆

续表

任务他评	第二种方式如下表所示。		
	项目	标准	分数
	开	能够充分打开台布，动作幅度较小	☆☆☆☆☆
	铺	根据不同的方式使用的手法准确，台布完全打开铺在台面上	☆☆☆☆☆
	拉	能够快铺慢拉，对齐中线	☆☆☆☆☆
	效果	台面平整，中线对齐，下垂均等	☆☆☆☆☆
	第三种方式如下表所示。		
	项目	标准	分数
	开	能够充分打开台布，动作幅度较小	☆☆☆☆☆
	铺	根据不同的方式使用的手法准确，台布完全打开铺在台面上	☆☆☆☆☆
	拉	能够快铺慢拉，对齐中线	☆☆☆☆☆
	效果	台面平整，中线对齐，下垂均等	☆☆☆☆☆
任务反思	在铺台布的过程中，你认为难度是什么？你做得最好的是哪一点？		

（二）骨碟定位

1. 工作情境：领班要来进行骨碟定位的考核了，今天早上需要赶紧再熟悉一下，才能从容应对考核。

2. 工作准备：宴会台（加椅）铺好台布，骨碟10个，托盘2个。

3. 个人练习：请你进行多次训练之后，完成表2实训任务并参加考核。

表2 实训任务：骨碟定位

工作任务	骨碟定位在核定的范围内
任务工具	宴会台（加椅）铺好台布，骨碟10个，托盘2个
任务提示	注意定位时候所站位置和步伐幅度

续表

任务他评	请你的小伙伴根据评分标准为你的训练结果送上小星星。		
	项目	标准	分数
	宽距	骨碟之间的距离，一共9个，你能达到几个？	☆☆☆☆☆ ☆☆☆☆☆
	沿距	骨碟到桌沿的距离，一共10个，你能达到几个？	☆☆☆☆☆ ☆☆☆☆☆
任务反思	在骨碟定位的过程中，你认为难度是什么？你做得最好的是哪一点？		

（三）中餐宴会摆台

1. 工作情境：在领班的带领下，你也要帮忙进行中餐宴会摆台，那么请你把所学的中餐宴会摆台技能亮出来吧。

2. 工作准备：中餐宴会摆台用具。

3. 个人练习：请你进行多次训练之后，完成表3实训任务。

表3　实训任务：中餐宴会摆台

工作任务	按照所学，独立完成一张宴会10人台的摆台
任务工具	中餐宴会摆台用具
任务提示	请注意整个过程的托盘技能，虽然是基本功，但是贯穿全程
任务标准	参考二维码中的评分表 中餐宴会评分表
任务师评	请老师根据评分标准为你的训练结果送上小星星：☆☆☆☆☆
任务反思	请把你在摆台过程中的错误或者失误记录下来：

【实训反思】

中餐摆台是中餐服务基本技能中综合性最强、难度系数最高的一项,由于它属于综合实训项目,因此目前很多大型餐饮服务比赛都会将其作为比赛内容之一,这也正体现了它对于一名餐饮服务员的意义。想要熟练掌握中餐摆台,除了多练、多记没有其他捷径,也印证了"熟能生巧"这一不变的事实。希望同学们在学习的过程中能够不厌其烦,不断练习,不停精进,精益求精,成为真正掌握多门技术的中餐服务员。

任务工单3.5.1　中餐上菜的注意事项

【实训任务】

1. 工作情境：在上菜服务的模拟考核中，餐厅主管会给出很多个上菜服务的场景，需要你根据不同场景来回应客人。

2. 工作准备：熟悉上菜的要求和注意事项。

3. 个人练习：在表1实训任务里有不同的上菜场景，请你根据不同客人的需求做出相应的处理。

表1　实训任务：好好上菜

工作任务	针对不同场景，做出相应的服务应对	
任务工具	熟悉上菜的要求和注意事项	
任务提示	关注细节，才能给自己更高的分数	
任务内容	回答问题并填写在右边的空格里	
	1. 上菜的时候菜盘太多放不下	你会怎么做？
	2. 菜肴迟迟未上，客人在催了	你会怎么做？
	3. 所有菜品上齐后	你会怎么做？
	4. 有小朋友就餐	你会怎么做？
	5. 上带壳的海鲜类菜肴时	你会怎么做？
任务师评	请老师对你的任务给出小星星：☆☆☆☆☆	
任务反思	你认为在上菜服务的时候最应该注重什么？	

任务工单3.5.2　中餐几种特殊菜肴的上菜方法

【实训任务】

请你根据不同的菜肴，在表1中写出服务要点。

表1　实训任务：特殊菜肴服务

特殊菜肴	具体方法	服务要点
易变形的炸、炒菜肴	一出锅即需立即端上餐桌	
铁板类菜肴	铁板以最快的速度端上餐桌，随即将菜肴倒至铁板上	
炖品类菜肴	应将炖品上桌后再启盖，以保持炖品的原汁原味，揭盖时要将盖子翻转移开，以免烫水滴落在客人身上	
带有包装的菜肴	先将菜肴端上台供客人观赏后，再拿到工作台上拆开包装	
拔丝类菜肴	上桌时，温度很高，要迅速跟上凉开水；分让时用公筷将菜夹起，迅速放入凉开水中浸一下，然后送入客人碗中，防止烫伤客人口腔	

【实训反思】

上菜服务是客人用餐期间的基本服务技能，不仅要求服务员在服务过程中细心，更要求有良好的服务意识，能够站在客人的角度多想、多听、多看。所以在学习的过程中，同学们要注意多次观察微课中的细节，从细节入手去掌握每种上菜方式的不同和要点，才能够真正掌握服务精髓。

任务工单3.6.1　中餐服务中分菜工具及其使用方法

【实训任务】

1. 工作情境：趁着培训的时间，赶紧把分菜叉勺拿出来练练手吧。无论要分什么菜，关键是分菜手法要掌握。

2. 工作准备：土豆丝1盘，分菜叉勺1副，菜盘5个。

3. 个人练习：请你进行多次训练之后，完成表1实训任务。

表1　实训任务：分菜工具的使用

工作任务	规范使用分菜叉、勺，能够顺利将土豆丝分配均匀，分5份，并且留1份
任务工具	土豆丝1盘，分菜叉勺1副，菜盘5个
任务提示	使用指夹法分菜时，要注意叉勺之间的着力点，这会让你使用起来更加舒服
任务自评	请你为自己的操作给出小星星：☆☆☆☆☆
任务反思	分土豆丝的时候，你认为最难的是什么，你有什么改善办法？

任务工单3.6.2　不同菜肴的分菜方式和注意事项

【实训任务】

1. 工作情境：餐厅培训的分菜考核中提供了不同的菜肴，请你使用不同的分菜方式进行分菜服务。

2. 工作准备：例汤1份，炒菜1份，炒饭1份，分菜叉勺，公用餐具。

3. 个人练习：请你进行多次训练之后，完成表1实训任务。

表1　实训任务：不同菜式的分菜

工作任务	根据不同的菜肴，采用合适的分菜方式为客人分菜
任务工具	例汤1份，炒菜1份，炒饭1份，分菜叉勺，公用餐具
任务提示	要注意在分菜的过程中，不要让菜肴掉在桌面或地上
任务自评	请你为自己的操作给出小星星：☆☆☆☆☆
任务反思	你觉得分菜服务难吗？哪种方式你认为最好掌握？

【实训反思】

分菜服务相对于上菜来讲技术难度高一点，主要体现在分菜叉勺的使用上，重要的是分配的时候要注意每位客人的分量均匀、配菜均匀。分菜工具的使用需要不断练习，才能够熟练。

任务工单3.7.1　撤换餐具的步骤和方法

【实训任务】

1. 工作情境：今天包间客人比较多，需要服务员一直在包间服务，作为实习生的你快帮助师父一起为客人撤换餐具。

2. 工作准备：脏餐具2套，干净骨碟2个、干净汤碗2个、托盘2个。

3. 个人练习：请你进行多次训练之后，完成表1实训任务并参加考核。

表1　实训任务：为客人撤换餐具

工作任务	帮助你的同伴一起撤换餐具
任务工具	脏餐具2套，干净骨碟2个，干净汤碗2个，托盘2个
任务提示	要记住知识加油站里的注意事项
任务他评	请你的同伴为你撤换餐具的服务操作给出小星星：☆☆☆☆☆
任务反思	在撤换餐碟的过程中，你认为最难的部分是什么？

任务工单3.7.2　撤换香巾与台布的步骤和方法

【实训任务】

1. 工作情境：今天的客人非常多，需要你帮助师父撤换台布，请你用最快的速度与同学一起撤换台布，请将你所学的方法展现出来吧。

2. 工作准备：脏台布，干净台布。

3. 个人练习：请你进行多次训练之后，完成表1实训任务。

表1　实训任务：为客人撤换台布

你的任务	帮助你的同伴一起撤换餐具
任务工具	脏台布，干净台布
任务提示	注意换台布的时候不要将食物残渣掉到座位或桌面上
任务他评	请你为自己今天的任务完成情况给出小星星：☆☆☆☆☆
任务反思	在撤换台布的过程中，你认为需要注意的细节有哪些？

【实训反思】

撤换餐具的操作是相对简单的，但是在撤换餐具的服务中要特别注意撤出的过程中动作不要过大而弄脏客人的衣物。很多服务员在撤换过程中会因为着急或服务即将结束而速度过快，导致汤汁、残渣等弄脏客人的衣物，从而引起客人的投诉，会产生很多额外事务。因此，无论是多简单的服务操作，都应该用心、细心、专心，才能提供高质量服务。

项目4 中餐服务技巧

任务工单4.1.1 电话预订餐位

【思考探究】

（一）预订的形式与方法

1. 当我们想知道客人来餐厅的用餐目的，我们可以怎样婉转地询问客人呢？

2. 为了使客人感受到我们的温馨服务，当客人说他是来餐厅庆祝孩子生日的时候，我们可以怎样祝贺客人呢？

（二）用餐预订表

通过学习，你掌握了预订的流程和预订表格填写的方法了吗？快来完成下面的问题，检测一下自己掌握的情况吧。

1. 请写出电话接听的问候语。

2. 在查看当日的餐位预订情况前，我们要先问清楚客人的哪些需求？

3. 当我们查看完当天的预订情况，确认可以接受客人预订的时候应该怎样对客人说？如果发现客人预订的时段餐位已经订满了，应该怎样对客人说？

4. 复述客人预订的作用是什么？

【实训任务】

1. 工作情境：零点餐电话预订。

你是餐厅的迎宾员，在当班时，张先生打过来电话，想预订这个周末非吸烟区安静的一个2人位，目的是庆祝他们的结婚纪念日，请你协助张先生完成这个预订。

2. 工作准备

（1）准备好笔、用餐预订表和预订登记本。

（2）确保你已经做好准备随时接听客人的电话。

3. 个人练习

（1）以工作情境为背景，尝试自己完成零点餐预订的步骤。

（2）完成表1实训任务。

（3）用表2为自己的练习过程评分。

表1　实训任务：零点餐电话订位

姓名：	班级：	学号：
实操用具：		你的角色：
你的任务：		
零点餐预订的步骤：		
写出你和客人之间的对话： 迎宾员： 张先生： 迎宾员： 张先生： ……		
写下你在操作中存在的困难：		

表2　电话预订评分表

序号	技能标准	分数	得分
1	能在三响之内接听电话，并准确无误地报出部门名称	5	
2	仪态端庄大方，操作动作规范，面带微笑	5	
3	对客服务使用规范的服务用语，常使用敬语，让客人等待时表示歉意	10	
4	能问清客人的需求，并按需求推荐酒店的产品	15	
5	询问客人的全名和电话号码，并准确记录	10	
6	告知客人取消预订的政策，并征询客人意见	10	
7	复述预订内容准确无误	15	
8	能够正确规范地填写预订表格，无遗漏	10	
9	挂电话前向客人表示感谢	5	
10	按正确的顺序进行操作，能随机应变	5	
11	整体印象分	10	
	总分		

4.小组练习：

（1）和你的搭档进行工作情境的练习，采取角色扮演的方式，一人扮演张先生，一人扮演迎宾员，每练习一轮后，角色互换，反复练习，互相纠正，直至掌握。

（2）练习的时候利用表3进行互评，检验练习结果。

表3　电话预订评分表

序号	技能标准	分数	得分			
			第一轮	第二轮	第三轮	第四轮
1	能在三响之内接听电话，并准确无误地报出部门名称	5				
2	仪态端庄大方，操作动作规范，面带微笑	5				
3	对客服务使用规范的服务用语，常使用敬语，让客人等待时表示歉意	10				
4	能问清客人的需求，并按需求推荐酒店的产品	15				
5	询问客人的全名和电话号码，并准确记录	10				
6	告知客人取消预订的政策，并征询客人意见	10				
7	复述预订内容准确无误	15				
8	能够正确规范地填写预订表格，无遗漏	10				
9	挂电话前向客人表示感谢	5				
10	按正确的顺序进行操作，能随机应变	5				
11	整体印象分	10				
	总分					

【实训反思】

1. 你认为自己掌握了电话预订零点餐的流程了吗？如果没有，是哪些步骤还存在困难呢？写出来，并尝试请教你的同学或老师。

2. 在实操过程中你认为自己哪些方面完成得的比较好？

3. 你认为在零点餐预订的步骤中，哪些环节可以体现酒店的贴心服务？哪些环节比较适合推荐酒店的产品？

4. 请思考面对面预订和电话预订有什么不同？

【案例思考】

电话预留餐位风波

一天中午，一位客人打电话到餐厅，说明要吃一个"T骨牛排"，希望餐厅能为其预留位置。当时，接电话的预订员正准备去用午餐，考虑到客人要半小时后才能过来，而这段时间餐厅生意都不旺，肯定有空位，自己用餐时间不用半个小时，于是她在未向其他同事交代的情况下便吃饭去了。大约一刻钟后，客人来到餐厅，询问另一名当值的服务员，刚才他已打电话预订，午餐是否准备好，当值的服务员称没有接到客人电话，不知此事。客人听后非常生气，于是向餐厅经理投诉。

讨论：

案例中的预订员在预订过程中应该要注意什么问题？

任务工单4.1.2　客人当面预订餐位

【思考探究】

1. 带领客人参观餐厅的时候应注意些什么？

2. 如果客人不需要参观餐厅，服务员接下来应该做什么？

3. 请你写出当面预订和电话预订的不同之处。

【实训任务】

（一）零点餐当面订位

1. 工作情境：你是餐厅的迎宾员，在当班时，李女士来到餐厅想预订周六的6人餐位，和公司的同事一起庆祝升职，李女士想参观一下餐厅，并了解一下餐厅的特色，请你协助李女士完成这个预订。

2. 工作准备：

（1）准备好笔、菜单、工作名片、用餐预订表和预订登记簿。

（2）确保你已经做好准备接待客人。

3. 个人练习：

（1）以工作情境为背景，尝试自己完成零点餐当面预订的步骤。

（2）完成表1实训任务。

（3）用表2为自己的练习过程评分。

表1 实训任务：零点餐当面预订

姓名：	班级：	学号：
实操用具：		你的角色：

你的任务：

零点餐当面预订的步骤：

写出你和客人当面预订的对话：
迎宾员：
李女士：
迎宾员：
李女士：
……

写下你在操作中存在的困难：

表2 当面预订评分表

序号	技能标准	分数	得分
1	能主动与客人打招呼，并作自我介绍，在为客人服务过程中始终能以客人的姓氏尊称客人	10	
2	仪态端庄大方，操作动作规范，面带微笑	10	
3	对客服务使用规范的服务用语，常使用敬语，让客人等待时表示歉意	10	
4	能问清客人的需求，并按需求推荐酒店的产品	20	
5	与客人确认酒店关于取消预订的相关政策	10	
6	复述预订内容准确无误	10	
7	能够正确规范地填写预订表格，无遗漏	10	
8	按正确的顺序进行操作，能随机应变	10	
9	整体印象分	10	
	总分		

4. 小组练习：

（1）和你的搭档进行工作情境的练习，采取角色扮演的方式，一人扮演李女士，一人扮演迎宾员，每练习一轮后，角色互换，反复练习，互相纠正，直至掌握。

（2）练习的时候用表3进行互评。

表3　当面预订评分表

序号	技能标准	分数	得分			
			第一轮	第二轮	第三轮	第四轮
1	能主动与客人打招呼，并作自我介绍，在为客人服务过程中始终能以客人的姓氏尊称客人	10				
2	仪态端庄大方，操作动作规范，面带微笑	10				
3	对客服务使用规范的服务用语，常使用敬语，让客人等待时表示歉意	10				
4	能问清客人的需求，并按需求推荐酒店的产品	20				
5	与客人确认酒店关于取消预订的相关政策	10				
6	复述预订内容准确无误	10				
7	能够正确规范地填写预订表格，无遗漏	10				
8	按正确的顺序进行操作，能随机应变	10				
9	整体印象分	10				
	总分					

【实训反思】

1. 你认为自己掌握当面预订零点餐的流程了吗？如果没有，是哪些步骤还存在困难呢？写出来，并尝试请教你的同学或老师。

2. 你认为自己在实操过程中哪些方面完成得比较好？

（二）更改预订

实训任务工作情境中的李女士，因为家里有事，需要把周六的预订改到周日晚上，请你帮助她更改这个预订。

1. 提示：

（1）预订员要询问客人的姓氏及原始预订日期。

（2）询问客人现要更改的日期或相关内容。

（3）在确认新的日期之前，现场查询预订情况；若餐厅已无法承接，应及时向客人解释。

（4）在没有其他预订的情况下，可以为客人确认更改预订，更改预订单。

（5）若客人要更改先前预订的其他要求，应根据餐厅情况，能办到的给予更改，满足其更改要求；餐厅无法办到的，应先请示上级并及时向客人解释。

（6）需要记录更改预订人的姓名及联系电话，需签名确认的应请更改人签名。

2.根据以上提示结合你所学的知识，完成表4。

表4　更改预订的流程

服务程序	工作步骤	服务用语

任务工单4.1.3　取消预订

【思考探究】

1. 当我们查核客人预订的时候，需要向客人索取哪些有关预订的资料？

2. 取消客人的预订前为什么要询问客人取消的原因？如果客人不愿意透露取消的原因，我们该如何处理？

3. 酒店的取消预订政策对于未交订金和已交订金的客人分别是怎样的？

【实训任务】

1. 工作情境：张女士因为临时要出差，所以她致电酒店餐厅，通知取消她上周在酒店预订的当天晚上的2人位，订单号是E3021，预订时收取了张女士1 000元的订金，而且酒店的取消政策是提前2天通知可以退还客人全部订金，请你帮助张女士取消这个预订。

2. 工作准备：

（1）准备好笔、预订登记本。

（2）确保你已经做好准备接听客人电话。

3. 个人练习：

（1）以工作情境为背景，尝试自己完成取消预订的步骤。

（2）完成表1实训任务。

（3）用表2为自己的练习过程评分。

表1　实训任务：取消预订

姓名：	班级：	学号：
实操用具：		你的角色：
你的任务：		
取消预订的步骤：		
写出你和客人通过电话取消预订的对话 迎宾员： 张女士： 迎宾员： 张女士： ……		
写下你在操作中存在的困难：		

表2　取消预订评分表

序号	技能标准	分数	得分
1	能在三响之内接听电话，并准确无误地报出部门名称	5	
2	仪态端庄大方，操作动作规范，面带微笑	5	
3	能够准确询问客人查找订单所需要的资料，并查找到客人的订单	10	
4	与客人确认订单，并委婉询问客人取消的原因	10	
5	询问客人是否需要做下一阶段预订	10	
6	告知客人取消订单的政策	20	
7	感谢客人的来电，等客人先挂电话，自己再挂	5	
8	修改预订记录，给客人发信息通知订单取消事宜	15	
9	对客服务使用规范的服务用语，常使用敬语，让客人等待时表示歉意	10	
10	整体印象	10	
	总分		

4.小组练习：

（1）和你的搭档进行工作情境的练习，采取角色扮演的方式，一人扮演李女士，一人扮演迎宾员，每练习一轮后，角色互换，反复练习，互相纠正，直至掌握。

（2）练习的时候利用表3进行互评。

表3 取消预订评分表

序号	技能标准	分数	得分			
			第一轮	第二轮	第三轮	第四轮
1	能在三响之内接听电话，并准确无误地报出部门名称	5				
2	仪态端庄大方，操作动作规范，面带微笑	5				
3	能够准确询问客人查找订单所需要的资料，并查找到客人的订单	10				
4	与客人确认订单，并委婉询问客人取消的原因	10				
5	询问客人是否需要做下一阶段预订	10				
6	告知客人取消订单的政策	20				
7	感谢客人的来电，等客人先挂电话，自己再挂	5				
8	修改预订记录，给客人发信息通知订单取消事宜	15				
9	对客服务使用规范的服务用语，常使用敬语，让客人等待时表示歉意	10				
10	整体印象	10				
	总分					

【实训反思】

1. 你认为自己掌握取消预订的流程了吗？如果没有，是哪些步骤还存在困难？写出来，并尝试请教你的同学或老师。

2. 你认为自己在实操过程中哪些方面完成得比较好？

【案例思考】

取消预订

浙江的周女士于2020年1月15日预订了6位某餐厅258元/人的除夕夜自助餐,担心疫情传染要求退订,餐厅表示不能退,只能延期。周女士考虑到该餐厅平时的价格只要118元/人,于是提出延期使用的话餐厅应退还每人140元共840元的差价,餐厅表示不能退款。

讨论:

1. 周女士取消预订是否合理?

2. 酒店应该按周女士的要求退款给周女士吗?

任务工单4.1.4　班前例会

【实训任务】

1. 工作情境：通过学习，我们已经了解了班前例会的操作程序和内容。我们可以把它应用到我们的实操课堂上，来帮助老师提高课堂效率、管控课堂纪律，参照教材中表4-1-7班前例会的工作内容，请你思考一下，运用到课堂上的时候，表格里的工作程序需要进行怎样的修改？

2. 工作准备：

（1）准备好笔、班前例会记录表。

（2）整理好你的仪容仪表，确保你已经做好准备参加班前例会。

3. 小组练习：

（1）设计班前例会记录表：参照班前例会的工作程序，和你的组员讨论并设计一张实操课前使用的班前例会记录表，将你们设计的工作程序填在表1里。

（2）按照你们设计的表格内容，组织你的组员模拟练习召开班前例会，并将你检查到的问题，在表格里面做好记录。

表1　班前例会内容

序号	工作程序	具体内容	问题记录
1	列队考勤		
2	检查仪容仪表		
3	当班工作安排		

4. 实训反思：和组员讨论一下例会内容有没有需要修改的地方，如果有，也请在表格内进行相应的修改。在每次实操课时利用设计的表格做班前例会记录。

【案例思考】

缺席的"五彩煎禾虫"

周六午餐高峰时段,温泉宾馆中餐厅座无虚席。突然,A区16号台有客人站起来大声嚷嚷,A区值台服务员小琪手足无措地呆站在旁边,当班主管小王赶紧走过去处理。原来,客人点了一道名为"五彩煎禾虫"的菜肴,其他菜都上了,这道客人期待已久的菜还没上,他催了几次,都没有答复,所以忍不住发脾气了。

这道菜是季节性很强的时令菜,今天早上的班前例会主管还特地强调此菜品已"沽清",是小琪没有认真听,点菜的时候没有跟客人说清楚,还是照常下单了,下单以后也没有及时跟进,导致客人生气投诉。

讨论:

为什么服务员小琪会犯这个错误?如何避免犯类似的错误?

任务工单4.1.5 开餐前的环境卫生准备

【实训任务】

1. 工作情境：在中餐实训室分小组完成负责区域的环境卫生工作，包括地面清洁、墙面门窗清洁，以及餐桌椅清洁、家具、电器、绿色植物清洁。

2. 工作准备：准备好清洁工具、清洁剂，确保清洁剂是按照正确比例调配的。

3. 小组练习：

（1）组长做好任务的分配。

（2）完成任务后，利用表1进行工作任务的评价。

（3）对存在的问题，组内商量改进办法。

表1 环境卫生评价表

考核内容	考核要点	分值	得分	问题记录
地面清洁	使用正确的清洁标准进行清扫，地面整洁无污渍	25		
墙面门窗清洁	使用正确的清洁标准进行清洁，墙面整洁无污渍	25		
餐桌椅清洁	转盘无油渍、水渍，桌布无破损，餐椅无松动、椅套干净	25		
家具、电器、绿色植物清洁	无灰尘，电器能正常使用，花盆内无杂物	25		
总分				

【案例思考】

死蟑螂事件

308房正在举行王先生一家的家庭聚会，小朋友们正在房间里嬉戏玩耍，他们玩起了"捉迷藏"。突然，大圆桌下面传来了一声尖叫，大人们赶紧掀开台布，只见王先生的小儿子指着两只死蟑螂，吓得说不出话来。王先生赶紧把他抱出来进行安抚，当班服务员小林也赶紧走了过来。欢乐的气氛被打断，小朋友们也受到了惊吓，客人们忍不住指责："这么高档的餐厅怎么会有死蟑螂呢！你们是怎么搞卫生的……"

小林只能诚恳道歉，并帮忙安抚小朋友，当班经理闻讯也马上过来了，采取了一系列措施才平息了客人的怒火。

讨论：

为什么会出现类似的情况，如何避免该类事件的发生？

任务工单4.1.6　开餐前的服务用品准备

【思考探究】

1. 酒水根据什么情况来准备？

2. 熟悉菜单指的是要熟悉哪些内容？

【实训任务】

1. 工作情境：张先生今天要在你工作的餐厅宴请客人，用餐人数是4人。他已经提前订好了菜，菜单如下：白灼虾、白切鸡、炖水鱼汤、蒜蓉生菜、三丝炒米粉；酒水是红葡萄酒2瓶。

以小组为单位，根据以上菜单完成物品准备工作，并完成零点餐摆台工作。

2. 工作准备：

（1）根据用餐人数，备好足够数量的餐具、酒具。

（2）小组长根据任务做好人员分配。

3. 小组练习：

（1）组员按照组长的分工，相互配合，完成任务后，通过表1和表2进行工作任务评价。

（2）表1中前两项考核内容通过实操完成，后两项考核内容以笔试方式完成，答案写在考核要点里；表2考核内容通过实操完成。

（3）对存在的问题，组内商量改进办法。

表1 物品准备检查评分表

考核内容	考核要点	分值	得分	问题记录
餐具及服务用品准备	物品齐全	30		
摆台	操作规范	30		
酒水准备		10		
菜肴酱汁搭配		30		
总分				

表2 零点餐摆台评分表

考核内容	考核要点	分值	得分
铺台布	1.顺时针在侧面铺台布,正面朝上,整理台布时手不触台布面; 2.十字居中,中心线凸缝向上,且对准正副主人位; 3.台布面平整、四边、四角下垂均等	15	
餐碟定位	1.从主人位开始按顺时针方向摆位,餐碟定位准确,与桌边沿距离约1.5厘米,碟距均等; 2.相对餐碟、餐桌中心、三点一线; 3.拿碟手法正确(手拿餐碟边缘部分)、卫生、无碰撞	15	
摆位碗、汤匙、味碟	1.摆位碗摆放在餐碟左上方距离餐碟约1厘米; 2.汤匙放置于摆位碗中,汤匙柄朝左; 3.味碟摆放在餐碟右上方,距离摆位碗约1厘米,与摆位碗成一条直线	15	
筷子架、筷子、长柄匙	1.双筷架摆放在餐碟右侧,距离碟边约1厘米,与摆位碗、味碟成一条直线; 2.私筷摆放筷架左边,公筷摆放右边、长柄匙摆放筷架中间,公筷筷尾距离桌边沿约1.5厘米	10	
葡萄酒杯、白酒杯、水杯	1.葡萄酒杯摆放在餐碟中线的正上方; 2.白酒杯摆放葡萄酒杯的右侧,水杯摆放葡萄酒杯的左侧(从餐位右侧上),杯肚间距约1厘米,三杯成一条直线; 3.摆杯手法正确(手拿杯柄或中下部)、卫生、无碰撞	15	
折餐巾花三种	1.突出正、副主人位,整体协调,一次成形; 2.在餐巾碟上折餐巾花,折叠手法正确、卫生; 3.巾花观赏面面向客人(主人位除外),巾花挺拔、造型美观、花型逼真、美观大方	15	
台花	台花摆放在台面正中间	5	
餐椅	1.餐椅正对餐碟中心,餐椅之间距离均等; 2.餐椅边缘距离餐台台布下垂部分约1cm	5	

考核内容	考核要点	分值	得分
摆台后餐台、餐椅检查	检查餐位摆放是否符合标准、整齐	5	
总分			

【案例思考】

损坏的餐具

一位翻译带领4位德国客人走进了中餐厅用餐。客人点了一些菜，还要了啤酒、矿泉水等饮料。突然一位客人发出诧异的声音，原来他的啤酒杯有一道裂缝，酒顺着裂缝流到了桌子上。翻译急忙让服务员过来换杯。另一位客人用手指着眼前的小碟子让服务员看，原来小碟子上有一个缺口。翻译赶忙检查了一遍桌上的餐具，发现碗、碟、瓷勺、啤酒杯等物均有不同程度的损坏，上面都有裂痕、缺口和瑕疵。

讨论：

1. 为什么会出现破损的餐具？

2. 应该如何正确处理该案例？

3. 如何避免同类事件再次发生？

任务工单4.1.7　迎宾引位的流程

【思考探究】

当客人没有预订时，迎宾员是先询问客人用餐人数，还是先查看餐厅的座位剩余情况？为什么？

【案例思考】

迎宾员之错

一天晚上，餐厅迎宾员忙着迎来送往，这时6位香港客人在一位小姐的引导下来到了二楼中餐厅。迎宾员马上迎了过去，满面笑容地说："欢迎光临，请问小姐贵姓？"这位小姐边走边说："我姓王。""王小姐，请问您有没有预订？""当然了，我们上午就电话预订好了'牡丹厅'。"迎宾员马上查看客人预订单，发现确实有一位姓王的小姐在上午预订了"牡丹厅"，于是迎宾员就迅速把这批客人带进了"牡丹厅"。过了半个小时，餐厅门口又来了一批人，共有12位客人，当领队的王小姐报出自己昨天已经预订了"牡丹厅"时，迎宾员马上查阅预订记录，才发现原来有两位王姓小姐都预订了厅房，而迎宾员在忙乱中将两组客人安排进了同一间厅房。迎宾员为了补错，立即就把客人带到了"紫荆厅"。王小姐满脸不高兴地说："我们预订的是一张12人台，这是一张10人台的厅房，我们12个人怎么坐得下？"王小姐不耐烦地径直到"牡丹厅"一看，里面的客人已开席了，但是这12位客人仍然不愿意坐进这间10人厅房。"我就要去牡丹厅，其他的厅房我都不去！把你们的经理找来！"

讨论：

1. 如何避免此类事件再次发生？

2. 如果你是经理，如何妥善处理该事件？

任务工单4.1.8　问位开茶的流程

【思考探究】

1. 以上几个服务流程中，哪些服务步骤需要站在客人右侧服务，哪些服务流程需要站在客人左侧服务呢？思考一下这样安排的原因是什么。

2. 在为客人铺设餐巾时，要特别注意些什么？

【实训任务】

（一）为有预订的客人提供迎宾引位和问位开茶的服务

1. 工作情境：你是餐厅的迎宾员，这周末，张先生带着他的太太来到餐厅用餐，庆祝他们的结婚纪念日。张先生已经预订过座位，订的是非吸烟区的2人位，现在张先生夫妇已经抵达餐厅，请你按照流程为他们提供相应的迎宾引位和问位开茶服务。

2. 工作准备：

（1）准备好预订登记簿、菜单、2人的零点餐餐位。

（2）确保你已经做好准备随时为抵店客人服务。

3. 个人练习：

（1）以工作情境为背景，尝试自己完成以上两个工作流程。

（2）用表1帮助自己练习并进行填写。

（3）用表2为自己的练习过程评分，检验练习效果。

表1　实训任务：迎宾引位和问位开茶

姓名：	班级：	学号：
实操用具：		你的角色：

你的任务：

迎宾引位的步骤：

问位开茶的步骤：

写出服务过程中你和客人的对话：
迎宾员：
张先生：
迎宾员：
张先生：
……

写下你在操作中存在的困难：

表2　迎宾引位和问位开茶评分表

序号	技能标准	分数	得分
1	做好准备工作，检查物品是否备齐，清洁迎宾区域，在班前例会中汇报当日预订情况	5	
2	在客人抵店前以饱满的精神状态和规范的仪容仪表站立在迎宾台前，迎候客人的到来	5	
3	客人抵店时，面带微笑主动向客人打招呼，热情有礼	5	
4	主动询问客人是否有预订，并准确核对客人预订；对于无预订的客人，能根据餐厅座位情况和客人用餐人数来判断是立即帮助客人安排座位，还是安排客人到休息区等候	10	
5	将客人指引到座位上，过程中与客人有互动，询问客人对座位是否满意；对安排到休息区的客人，做好后续服务工作	10	
6	按照正确的顺序为客人提供拉椅服务，并照看好客人脱下的衣物	5	
7	主动与值台员做好交接工作	5	
8	能根据客人用餐情况，增减餐位，撤去或补上多余餐具，用托盘操作	10	
9	在客人右侧呈递菜单，并打开至第一页	5	
10	在客人右侧为客人铺放餐巾，并撤去筷套	5	

续表

序号	技能标准	分数	得分
11	在客人左侧递送热毛巾，用完后随即收回	5	
12	主动向客人介绍茶叶品种，并说明收费标准	10	
13	按照客人的喜好为客人准备好茶水，并按照正确的顺序为客人斟倒茶水，斟倒量为八分满	10	
14	整体印象分：全程使用礼貌用语，至少三次以上用客人的姓氏来称呼客人，操作流程规范，按照先宾后主、长者、女士、地位高者优先原则进行服务	10	
	总分		

4．小组练习：

（1）和你的搭档进行工作情境的练习，采取角色扮演的方式，一人扮演张先生，一人扮演迎宾员，一人扮演值台员。每练习一轮后，角色互换，反复练习，互相纠正，直至掌握。

（2）另外邀请同学扮演一对老年夫妇，以及带小孩的一家三口。

（3）用表3进行互评，检验练习结果。

表3 迎宾引位和问位开茶评分表

序号	技能标准	分数	得分			
			第一轮	第二轮	第三轮	第四轮
1	做好准备工作，检查物品是否备齐，清洁迎宾区域，在班前例会中汇报当日预订情况	5				
2	在客人抵店前以饱满的精神状态和规范的仪容仪表站立在迎宾台前，迎候客人的到来	5				
3	客人抵店时，面带微笑主动向客人打招呼，热情有礼	5				
4	主动询问客人是否有预订，并准确核对客人的预订；对于无预订的客人，能根据餐厅座位情况和客人用餐人数来判断是立即帮助客人安排座位还是安排客人到休息区等候	10				
5	将客人指引到座位上，过程中与客人有互动，询问客人对座位是否满意；对安排到休息区的客人，做好后续服务工作	10				
6	按照正确的顺序为客人提供拉椅服务，并照看好客人脱下的衣物	5				
7	主动与值台员做好交接工作	5				
8	能根据客人用餐情况，增减餐位，撤去或补上多余餐具，用托盘操作	10				
9	在客人右侧呈递菜单，并打开至第一页	5				
10	在客人右侧为客人铺放餐巾，并撤去筷套	5				
11	在客人左侧递送热毛巾，用完后随即收回	5				
12	主动向客人介绍茶叶品种，并说明收费标准	10				

续表

序号	技能标准	分数	得分			
			第一轮	第二轮	第三轮	第四轮
13	按照客人的喜好为客人准备好茶水,并按照正确的顺序为客人斟倒茶水,斟倒量为八分满	10				
14	整体印象分:全程使用礼貌用语,至少三次以上用客人的姓氏来称呼客人,操作流程规范,按照先宾后主,长者、女士、地位高者优先原则进行服务	10				
	总分					

【实训反思】

1. 你认为自己掌握迎宾服务和问位开茶的流程了吗?如果没有,是哪些步骤还存在困难呢?写出来,并尝试请教你的同学或老师。

2. 在实操过程中你认为自己哪些方面完成得比较好?

3. 仔细思考一下,对于有预订的客人和没有预订的客人在服务流程上会有哪些区别?请写在下面。

(二)为无预订的客人提供迎宾引位和问位开茶的服务

1. 工作情境:你是餐厅的迎宾员,这周末,李女士一行5人来到餐厅用餐,她们没有提前预订餐位,不巧的是餐厅已经坐满,需要大约等候30分钟,才会有空位出来。请你分析出现这种情况的原因是什么,你应该如何处理这种情况?

2. 工作准备:

(1)准备好预订登记簿、菜单、5人的零点餐餐位、休息区。

(2)确保你已经做好准备随时为抵店客人服务。

3. 小组练习:

(1)和你的搭档进行工作情境的练习,采取角色扮演的方式,一人扮演迎宾员,一人扮演值台员,其他同学扮演李女士一行5人。每练习一轮后,角色互换,反复练习,互相纠正,直至掌握。

(2)用表3进行互评。

任务工单4.1.9　推销菜肴和酒水的技巧

【实训任务】

1. 工作情境：

（1）来自上海的一对夫妇，带着一个5岁的小孩子。

（2）从四川来珠海旅游的6位大学生。

2. 工作准备：

（1）准备好菜单、实训任务书和笔。

（2）确保你已经做好准备随时为抵店客人服务。

3. 个人练习：

（1）以工作情境为背景，利用材料小贴士"菜品知识"里的菜单，在表1中编写两段向客人推荐菜肴的推荐词，记住用上前面所学的销售技巧。

（2）编写完之后再用表2为自己编写的推荐词评分，检验练习结果。

表1　实训任务：编写菜肴推荐词

姓名：	班级：	学号：
实操用具：		你的角色：
你的任务：		
总结视频中讲解了哪几个推荐菜肴的技巧，写在下方，你也可以补充自己的观点：		
编写菜肴推荐词： 1.来自上海的一对夫妇，带着一个5岁的小孩子： 2.从四川来珠海旅游的6位大学生：		
写下你在编写中存在的困难：		

表2　推销菜肴技巧实训评分表

序号	技能标准	分值	得分
1	主动向客人表示欢迎，能够为客人提供针对性的服务	20	
2	将所推荐的菜肴进行详细的描述	20	
3	征询客人的意见，并给客人一些适当的建议	20	
4	运用附加小利益、实物展示或者利用特殊节日等不同方法进行推销	20	
5	主动根据客人所点的菜肴，推荐相应的酒水	20	
	总分		

【案例思考】

客人的"正宗"麻辣川菜

几位客人进入川菜馆进餐，坐下以后，就让服务员介绍正宗的川菜。服务员耐心地向客人介绍了各款川菜的风味特点："川菜有辣的也有不辣的，如东坡肘子、蒜泥白肉、开水白菜等是没什么辣味的，而夫妻肺片、麻婆豆腐、水煮肉片等是比较辣的。"客人点点头，把服务员介绍"辣"的菜都差不多点上了。服务员请示客人："请问先生，您点的麻辣川菜是否需要减麻辣呢？"客人答："不用了，我们正要尝尝正宗的麻辣川菜。"麻婆豆腐上席了，客人吃了第一口就呛着了，不断地咳嗽不敢再吃，并向服务员投诉："怎么搞的，这菜这么麻这么辣，我的舌头都麻了，喉咙也痒，太难受了。""这菜怎么能吃？你们搞错了吗！我在别的川菜馆吃的川菜不是这样的！"客人继续投诉说。

服务员犯难了，这就是正宗的麻辣川菜啊，客人自己点的，现在反倒投诉了。

讨论：

1.为什么会出现这样的问题？服务员在遇到这种情况时应注意什么？

2.如果你是服务员，你会怎么处理？并说明原因。

任务工单4.1.10　点菜服务流程

【思考探究】

在为客人复述菜单时,重要的是要复述哪些内容?为什么?

【实训任务】

1. 工作情境

(1) 来自上海的一对夫妇,带着一个5岁的小孩子。

(2) 从四川来珠海旅游的6位大学生。

2. 工作准备

(1) 准备好菜单、中餐用餐的餐具和桌椅、实训任务书和笔。

(2) 确保你已经做好准备随时为抵店客人服务。

3. 个人练习

(1) 以工作情境为背景,利用材料中小贴士里"菜品知识"中的菜单,在表1中编写点菜服务流程的对话。

(2) 用任务工单4.1.9中的表2为自己编写的内容评分。

和你的搭档分别扮演客人和服务员进行练习点菜的服务流程,并用表2为搭档评分。

表1　实训任务:点菜服务流程

姓名:	班级:	学号:
实操用具:		你的角色:
你的任务:		
点菜服务的步骤:		

续表

写出你为下列客人服务的对话：
1.来自上海的一对夫妇，带着一个5岁的小孩子：
2.从四川来珠海旅游的6位大学生：
写下你在编写中存在的困难：

表2　点菜服务流程评分表

序号	技能标准	分数	得分
1	主动为客人提供点菜服务	5	
2	能够回答客人关于菜肴的烹调方法、口味特点、分量、菜系、营养价值、烹调时间等问题	20	
3	根据客人地区、爱好、年龄、职业等因素主动推荐菜肴	20	
4	根据客人人数控制好菜量和搭配，适时提醒客人	10	
5	根据客人所点菜肴主动推荐相适应的酒水	10	
6	正确、清晰填写点菜单，无遗漏	10	
7	复述菜单时内容完整、顺序清晰准确、语言得体、文明礼貌	10	
8	征询客人意见后收回菜单并向客人致谢	5	
9	点菜单能够准确、及时分发到各部门	5	
10	整体印象：操作流程熟练、顺畅；用语礼貌，至少用客人姓氏尊称客人三次以上；有一定的销售意识和服务主动性	10	
	总分		

4. 小组练习：

（1）以工作情境为背景，利用教材小贴士里"菜品知识"中的菜单，和你的组员进行接待服务的练习，练习内容从迎接客人到为客人点菜这几个步骤。

（2）采取角色扮演的方式，分别扮演客人和值台员。每练习一轮后，角色互换，反复练习，互相纠正，直至掌握。

（3）练习的时候用表3进行互评。

表3　接待服务流程评分表

考核内容	考核要点	分值	得分
迎客	1.站姿规范，微笑迎客，主动问候客人； 2.使用礼貌用语	10	
预订信息	1.主动询问客人预订信息、用餐人数，使用礼貌用语； 2.礼貌称呼，介绍自己	10	
带位入座、拉椅	1.在客人前方引领，引领方式正确规范，主动协助客人提拿物品； 2.向客人推荐用餐位置，并讲解特点，询问客人是否满意； 3.为1～2位客人拉椅，请客入座，顺序正确，拉椅动作轻盈规范； 4.面带微笑，请客入座手势正确，体现礼貌	20	
开餐巾	服务顺序正确，在客人右侧，侧身45°打开餐巾，对折成三角形铺在客人腿上，动作优雅，道"您的餐巾"	5	
呈菜牌	双手呈上菜牌，打开至有内容的第一页	5	
上毛巾	用毛巾碟上毛巾，摆放在客人左手边	5	
茶水服务	1.问茶，准备茶水； 2.正确使用托盘斟倒茶水； 3.茶水七分满，没有滴洒，分量均等； 4.使用茶壶底碟，将茶壶摆放回服务台	10	
斟酱油	用托盘在客人右手边席上斟倒酱油	5	
点餐	1.点餐前询问客人是否有喜欢的口味、忌口或过敏的食物； 2.介绍招牌菜、时令菜，按照客人的喜好主动推荐； 3.点单后复述客人的菜单信息	15	
介绍饮品	熟练推荐不少于4款饮品	5	
介绍葡萄酒及中国白酒	根据所点菜式，建议配搭用酒，推荐葡萄酒或中国白酒	5	
收餐牌	在客人右手边收餐牌	5	
总分			

【实训反思】

1.在迎宾引位、问位开茶和点菜服务这三个流程中，你认为哪一个流程你掌握得最好，最困难的是哪一个流程，为什么？

2. 以上三个流程服务过程中，你认为服务员要想提供给客人满意的服务，要注意哪些服务细节或者具备哪些服务素养？

【案例思考】

正确的点菜方式

三位客人来到广州流花宾馆的文苑南餐厅用餐，入座上茶后，服务员马上请他们点菜。"请问，你们想吃点什么？"服务员边请客人看菜单，边问道。做东的客人告诉她，想尝尝澳洲龙虾。服务员从他的言谈话语中看出，客人是北方人，可能不太熟悉广州地区的龙虾种类，有必要向他们推荐介绍。"先生，龙虾的品种很多，澳洲龙虾虽然有名，但在肉质、弹性、光泽、口感等方面均不如广州地区的龙虾。"服务员诚恳周到的介绍引起了客人的兴趣。接着，服务员又坦率地告诉客人，广州龙虾的价格要稍高于澳洲龙虾，并建议客人如感兴趣，可先少要些尝尝，觉得合口味再多要。客人被服务员真诚的态度所感动，同意点广州龙虾，并让他继续推荐当地名菜。服务员忙把餐厅的风味菜"例牌鲍鱼""夏果澳洲带子"等介绍给他们，还不厌其烦地把这些菜的来历、烹制方法、配料、口味、色泽和形状作了详尽说明，使得客人欣然接受。

讨论：

你认为这名服务员有哪些地方值得你学习？

任务工单4.1.11　上菜服务流程

【实训任务】

1. 工作情境：张先生和王女士一共点了三道菜：清炒土豆丝、白灼虾和海鲜汤。请你为客人提供上菜和分汤的服务。

2. 工作准备：

（1）实训用的餐具。

（2）确保你已经做好准备随时为客人提供上菜服务。

3. 个人练习：

（1）以工作情境为背景，在表1中编写上菜服务流程的对话。

（2）用表2为自己编写的内容评分。

表1　实训任务：上菜服务流程

姓名：	班级：	学号：
实操用具：		你的角色：
你的任务：		
总结视频中的上菜服务流程：		
编写上菜服务的对话：		
写下你在编写中存在的困难：		

表 2 上菜服务实训评分表

序号	技能标准	分数	得分			
			组员1	组员2	组员3	组员4
1	值台服务员核对菜单、台号、菜名、分量，检查菜肴是否有异物，盘边是否有水渍、油渍	10				
2	上菜位置正确、礼貌提示客人	10				
3	上菜手势正确，注意卫生	10				
4	上菜顺序正确，有配料的菜，先上配料	10				
5	菜肴放在主宾面前，观赏面朝向客人，菜肴摆放注意美观，无盘子叠盘子的现象	10				
6	询问客人是否要分菜	10				
7	利用公用餐具帮客人分菜、分量均匀	10				
8	分完菜后，把菜肴派送给客人	10				
9	把未分完的菜整理好，便于客人取用	10				
10	整体印象：操作流程熟练、顺畅；用语礼貌，至少用客人姓氏尊称客人三次以上；服务主动热情	10				
	总分					

4. 小组练习：

（1）以任务工单4.1.10点菜服务流程的实训任务中的工作情境为背景，和你的组员进行工作情境的练习，采取角色扮演的方式，分别扮演吃饭的客人和值台员、传菜员。每练习一轮后，角色互换，反复练习，互相纠正，直至掌握。

（2）练习的时候用表2进行互评。

【实训反思】

1. 给客人提供上菜服务的时候，要注意些什么？

2. 给客人提供良好的迎宾和斟酒服务需要具备什么样的职业素养？

【案例思考】

菜肴知多少

一天，几位外地客人来到东北某家酒店，点了几道很有当地特色的菜肴，其中包括小鸡炖蘑菇、大骨头炖酸菜、东北乱炖，还有一些应季山菜等。菜上来后，客人们纷纷品尝起来。其中有位客人一边吃着，一边问服务员："这个小鸡炖蘑菇里面的蘑菇真是鲜美，是什么品种啊？我以前好像没吃过。"新来的服务员尴尬地回答："这蘑菇是纯天然的绿色食品，但具体叫什么名字我也不太清楚。"过了一会儿，又有一位客人忍不住说："这乱炖的原料很简单，但口味十分浓厚，是用了什么方法啊？"服务员依然不知所措地回答："因为我只负责点菜、上菜，对于做法真不了解，很抱歉。"

讨论：

1. 该名服务员有哪些方面需要改进？

2. 如果你是服务员，应该如何避免类似的问题？

任务工单4.1.12 席间服务流程

【思考探究】

根据教材微课的介绍，总结四个服务程序的最佳服务时机，写在下面。

【实训任务】

1. 工作情境：张先生和王女士的菜已经上齐，他们正在享用着美食，请你在合适的时机会为他们提供撤换骨碟、酒具和热毛巾的服务。

2. 工作准备：

（1）实训用的餐具。

（2）确保你已经做好准备随时为客人提供席间服务。

3. 小组练习：

（1）以工作情境为背景，和你的组员进行工作情境的练习，采取角色扮演的方式，分别扮演吃饭的客人和值台员。每练习一轮后，角色互换，反复练习，互相纠正，直至掌握。

（2）练习的时候用表1进行互评。

表1 席间服务实训评分表

序号	技能标准	分数	得分			
			组员1	组员2	组员3	组员4
1	在客人右侧更换骨碟，从主宾开始，顺时针更换骨碟，更换前礼貌提示客人	10				
2	用过的骨碟和干净的骨碟严格分开，骨碟更换及时	10				
3	在客人右侧撤换酒具，并征得客人同意；从主宾开始，顺时针操作	10				
4	撤换酒具，轻拿轻放	10				
5	在客人左侧撤换毛巾，更换前礼貌提示客人	15				
6	及时添加酒水、推销饮料	15				

序号	技能标准	分数	得分			
			组员1	组员2	组员3	组员4
7	以上操作能够把握服务时机，不影响客人用餐，又能及时提供服务	15				
8	整体印象：操作流程熟练、顺畅；用语礼貌，至少用客人姓氏尊称客人三次以上；服务主动热情	15				
	总分					

【实训任务】

1. 实操情境：张先生和王女士在用餐的时候，向你反映今天的清炒土豆丝有点咸，你遇到这种情况要如何处理？

2. 工作准备：

（1）实训用的餐具。

（2）确保你已经做好准备随时为客人提供服务。

3. 个人练习：

（1）以工作情境为背景，在表2中编写处理客人投诉的对话。

（2）编写完之后再用表3为自己编写的内容评分。

表2 实训任务：席间服务 – 处理客人投诉

姓名：		班级：		学号：	
实操用具：				你的角色：	
你的任务：					
根据工作情境，尝试编写处理客人投诉的步骤：					
编写处理客人投诉的对话：					

续表

写下你在编写中存在的困难：

表3　席间服务－处理客人投诉评分表

序号	技能标准	分数	得分			
			组员1	组员2	组员3	组员4
1	当客人在描述问题的时候耐心倾听	10				
2	复述客人的问题，不清楚的地方及时确认	10				
3	视情况向客人表示歉意	10				
4	提出解决问题的方案，并征询客人意见	10				
5	立刻采取行动	10				
6	必要的时候给予客人一定的补偿	10				
7	询问客人对解决方案是否满意	10				
8	对客人指出酒店的问题表示感谢，并表示今后会尽力做好	10				
9	与相关部门沟通出现的问题	10				
10	整体印象：操作流程熟练、顺畅；用语礼貌，至少用客人姓氏尊称客人三次以上；服务主动，能解决客人反馈的问题	10				
	总分					

4. 小组练习：

（1）以工作情境为背景，和你的组员进行工作情境的练习，采取角色扮演的方式，分别扮演吃饭的客人和值台员。每练习一轮后，角色互换，反复练习，互相纠正，直至掌握。

（2）练习的时候用表3进行互评。

【实训反思】

1. 以上两个实训任务你认为最难的是哪一个？分析一下困难的原因是什么。

2. 你认为要做好为客人提供优质的席间服务需要具备哪些职业素养？

【案例思考】

有一次，赵先生和几位朋友到餐厅用餐，他们点了一瓶啤酒，吧台的服务员是一名实习生，在接到啤酒的单后，直接把啤酒在吧台打开，然后拿到了客人的面前，结果赵先生看到后拒绝了这瓶啤酒，要求这名实习生重新再拿一瓶新的未开过的啤酒给他。

讨论：

1. 赵先生为什么拒绝了这瓶啤酒？

2. 如果你是服务员，应该如何操作？

任务工单4.1.13　结账收款

【思考探究】

1. 在递送账单的步骤为什么不主动报账单金额？

2. 在准备账单环节，为什么在客人没有示意结账的情况下，不能主动递账单给客人？

【实训任务】

1. 工作情境：张先生和王女士已经用完餐了，张先生打算用微信结账，请你为客人提供结账服务。

2. 工作准备：

（1）实训用的餐具。

（2）确保你已经做好准备随时为客人提供结账服务。

3. 个人练习：

（1）以工作情境为背景，自己完成结账的工作流程。

（2）填写表1。

（3）练习完之后用表2为自己的练习过程评分。

表1　实训任务：为客人提供结账服务（微信结账）

姓名：	班级：	学号：
实操用具：		你的角色：
你的任务：		

续表

结账的步骤：
写出服务过程中你和客人的对话： 值台员： 张先生： 值台员： 张先生： ……
写下你在操作中存在的困难：

4. 小组练习：

（1）以工作情境为背景（可将客人的结账方式换成签单结账、信用卡结账或其他结账方式），和你的组员进行工作情境的练习，采取角色扮演的方式，分别扮演吃饭的客人和值台员。每练习一轮后，角色互换，反复练习，互相纠正，直至掌握。

（2）练习的时候利用表2进行互评。

表2 结账服务实训评分表

序号	技能标准	分数	得分			
			组员1	组员2	组员3	组员4
1	及时、认真核对账单	15				
2	账单放入账单夹内时正面朝上	10				
3	在客人右侧，双手递上账单，并提示客人核对，不主动报消费金额	15				
4	能根据不同结账方式规范操作	20				
5	将账单第一联和发票、零钱等放回账单夹内，在客人右侧递给客人	15				
6	向客人致谢	5				
7	服务过程操作规范，注意礼节礼貌	20				
	总分					

【实训反思】

1. 你认为这几种结账方式里面最难的结账方式是哪一种？分析一下原因。

2. 要为客人提供优质的结账服务需要具备哪些职业素养？

【案例思考】

结账赶客

一个深秋的晚上，三位客人在南方某城市一家饭店的中餐厅用餐，他们在此已坐了两个多小时，仍没有去意。服务员心里很着急，到他们身边站了好几次，想催他们赶快结账，但一直没有说出口。最后她终于忍不住对客人说："先生，能不能赶快结账，如想继续聊天请到酒吧或咖啡厅！""什么！你想赶我们走，我们现在还不想结账呢。"一位客人听了她的话非常生气，表示不愿离开。

讨论：

1. 客人生气的原因是什么？

2. 如果是你，你会如何处理这种情况？

任务工单4.1.14 送客收尾

【思考探究】

1. 清理餐台的要求有哪些?

2. 如何在送客的环节中巩固客人对酒店的好印象？结合你日常的生活经验，总结一些好的方法。

【实训任务】

1. 工作情境：张先生和王女士已经结完账，打算离开餐厅，请你为客人提供送客服务，并做好收尾整理的工作，准备迎接下一批客人。

2. 工作准备：

（1）实训用的餐具。

（2）确保你已经做好准备随时为客人提供送客服务。

3. 个人练习：

（1）以工作情境为背景，自己完成送客收尾的工作流程。

（2）填写表1。

（3）练习完之后再用表2为自己的练习过程评分。

表1 实训任务：送客收尾

姓名：	班级：	学号：
实操用具：		你的角色：
你的任务：		

续表

送客的步骤：
收尾的步骤：
写出送客服务过程中你和客人的对话： 值台员： 张先生： 值台员： 张先生： ……
写下你在操作中存在的困难：

表2 送客收尾服务实训评分表

序号	技能标准	分数	得分			
			组员1	组员2	组员3	组员4
1	客人离开时能主动为客人提供拉椅服务，并提醒客人带好随身物品，主动帮客人取下衣架上的衣物	15				
2	向客人表示感谢，主动帮客人提大件行李或打包物品，把客人送到餐厅门口，主动帮客人按电梯	10				
3	恢复椅子，再次检查是否有客人的遗留物品	15				
4	按照正确的顺序清理餐台	20				
5	按照规定的标准更换台布，台布尺寸合适	15				
6	按照规定的标准摆好零点餐餐具	5				
7	将剩余的物品归类摆放整齐	20				
	总分					

4. 小组练习：

（1）以工作情境为背景，和你的组员进行工作情境的练习，采取角色扮演的方式，分别扮演吃饭的客人和值台员。每练习一轮后，角色互换，反复练习，互相纠正，直至掌握。

（2）练习的时候用表2进行互评。

【实训反思】

1. 你认为这个实训任务中最困难的环节是哪一个？分析一下原因。

2. 要做好收尾服务，服务员需要具备什么样的职业素养？

【案例思考】

一条黄鱼的价格

东南沿海某城的一家餐馆里一派忙碌景象，但坐在餐厅正中央一张小方桌前的几位客人却闷闷不乐。这一切被服务员小王看在眼里，她估计可能是客人对刚刚递过去的账单有意见。小王微笑着向客人走去，亲切地问道："先生，需要我做些什么吗？"客人见状说出了不愉快的原因。他们原估计今天的就餐费用在200元上下，可账单上却写着503元，他们不明白是什么原因。小王认真地听完后，先安慰客人让他们别着急，接着到账台上去查询。原来问题是出在大盘醋熘黄鱼上，菜单上写明每50克22元，而客人误以为500克22元，那条黄鱼实际重750克，计价330元。

讨论：

1. 如果你是小王，你该如何处理这件事？

2. 请你谈谈如何避免类似的事情再次发生。

任务工单4.2.1　中餐宴会的种类和特点

【思考探究】

1. 国宴是如何从环境布置和接待服务上凸显高规格，庄严隆重气氛的？

2. 鸡尾酒会在菜点和时间安排上有何特点？

3. 你认为自己掌握宴会的种类了吗？如果没有，对于哪些宴会种类不了解呢？写出来，并请教你的同学或老师。

4. 请从用餐规模、服务特点、用餐人数等方面总结零点餐和宴会的区别。

【案例思考】

"中国文化旅游集团书法节闭幕式暨答谢宴会"设计方案

3月10日上午，中国大饭店宴会部预订员小王接到中国文化旅游集团的预订电话，称该集团将于4月15日晚在该酒店宴会厅举行"中国文化旅游集团书法节闭幕式暨答谢宴会"，人数大约为250人，用餐标准为每位300元，将用支票结账，该集团需要在两周内收到宴会设计方案。

讨论：

假如你是预订员小王，将如何做好这项工作？

任务工单4.2.2　中餐宴会的台型设计

【实训任务】

宴会部会举办许多大大小小的宴会,宴会部经理正在培训新入职的员工,进行台型的设计。从两桌到十二桌,结合台型布置原则,教新员工如何进行台型设计。请根据台型布置的原则,完成表1中不同桌数的台型设计示意图,并标注出主桌。根据你的表现,组员用表2对你进行评价。

表1　实训任务:不同桌数的台型设计示意图

桌数	示意图(并突出主桌)	桌数	示意图(并突出主桌)
两桌		三桌	
四桌		五桌	
六桌		七桌	
八桌		九桌	
十桌		十一桌	
十二桌		十三桌	

表2 不同桌数的台型设计评分表

序号	技能标准	分数	得分
1	中心第一，突出主桌	25	
2	先右后左，主人右席的地位高于左席的地位	25	
3	高低近远	25	
4	主桌、主宾席区、讲台、表演台布局合理	15	
5	主桌或主宾区设有专用的工作台，其余各桌依照服务区域的划分设立工作台	10	
	总分		

任务工单4.2.3　中餐宴会的座次安排

【思考探究】

1. 中餐宴会中座次的安排，如何确定主位？

2. 根据座次安排的规律，总结中餐宴会座次安排的原则有哪些。

【实训任务】

多桌宴会座次安排的重点是确定各桌的主人位。以主桌主人位为基准点，各桌主人位的安排有"顺向"和"相向"两种方法。请根据主位和桌次安排，给下面两组餐桌安排台号顺序和确定主位方向。根据你的表现，请组员用表1对你进行评价。

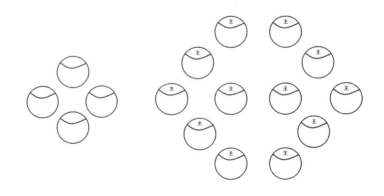

表1 中餐宴会座次安排评分表

序号	技能标准	分数	得分
1	中心第一，突出主桌	10	
2	先右后左，主人右席的地位高于左席的地位	15	
3	高位自上而下，自右而左，男左女右	25	
4	各桌主人位置与主桌主人位置相同并朝向同一方向	25	
5	各桌主人位置与主桌主人位置遥相呼应	25	

【案例思考】

高级餐厅吃面条的老先生

一天下午，某高级中餐厅来了一位老先生，这位老先生自己找了一个不醒目的角落里坐下来，对服务员说："无须点餐了，帮我来一份鲜面条就可以了。"服务员依然笑着为他服务，另外给他送过来了完全免费茶汤。当天晚上，这位老先生再度来到这个餐厅，又点了一份鲜面条，服务员一样为他提供了服务。吃完了饭，老先生找到餐厅主管满意地说："我要给我儿子订十八桌喜宴，规格要高一些，这些天我到几个中高档餐厅看了看，就数你们这儿服务好，我决定就订你们这儿啦！"餐厅主管一听，非常高兴。

讨论：

以上案例给我们什么启示？

任务工单4.2.4 中餐宴会席位安排流程

【实训任务】

A公司的外国合作公司的总经理及其夫人来华度假，A公司设宴热情接待，出席人员有A公司老板及其夫人、外贸部经理、公关部经理，并安排了一位接待陪同、一位翻译，请根据人员组成情况，安排宴会席位。

请根据中餐宴会席位安排流程，通过情景模拟形式进行中餐宴会席位安排，并完成表1。根据你的表现，组员用表2对你进行评价。

表1 实训任务：中餐宴会席位安排

姓名：	班级：	学号：
实操用具：		你的角色：
你的任务：		
写出中餐宴会席位安排的步骤：		
画出该宴会席位安排的示意图： （圆桌示意图） 门口		
写下你在操作中存在的困难：		

表2 中餐宴会席位安排实训考评表

内容	技能标准	分数	得分
准备	各项设施、用具准备齐全	5	
铺台布	桌布凸线对准主人、副主人位，下垂均匀	15	
放置主人、副主人席位卡	准确放置主人位、副主人席位卡	20	
放置主宾及第二宾席位卡	准确放置主宾及第二宾席位卡	20	
放置第三宾、第四宾席位卡	准确放置第三宾、第四宾席位卡	20	
放置陪同、翻译席位卡	准确放置陪同、翻译席位卡	15	
检查整理	各席位卡整齐、有序摆放	5	
总分			

任务工单4.2.5 宴会前的组织准备工作

【实训任务】

7月,同学们将结束两年在校学习,进入为期一年的企业顶岗实习。为了给美好的校园时光留下美好记忆,酒店1班学生组织策划一个毕业晚宴。班干部们在半个月前已经开始准备工作了,作为毕业晚宴策划组的一员,你需要做好哪些具体的组织准备工作?

请以3人为一组,根据毕业晚宴的组织准备工作,完成表1。根据小组的准备工作情况,小组间根据表2进行评分。

表1 实训任务:宴会前的组织准备工作

姓名:	班级:	学号:
实操用具:		你的角色:

你的任务:

根据毕业晚宴前的组织准备工作,完成下列任务清单。

1.掌握晚宴情况:

2.晚宴岗位分工情况:

3.晚宴场景布置情况:

4.晚宴菜单情况:

5.晚宴物品准备情况:

表2 组织准备工作内容评分表

准备环节及内容	分数	得分
掌握情况：做到"八知"和"三了解"	20	
明确分工：明确总指挥，对迎宾、值台、传菜等人员分工及具体任务安排	20	
场景布置：根据宴会性质进行布置，体现特色	20	
熟悉菜单：熟悉宴会菜单和主要菜点的风味特色，做好被客人询问的准备	20	
物品准备：物品齐全，摆放整齐。菜单精美、各类餐具摆放在规定位置	20	
总分		

【案例思考】

不合时宜的白衣厨师

北京某酒店里，二楼的宴会厅热闹非凡，好多客人前来赴宴，来者都是各商界名流，个个地位都很高，整个宴会大厅里呈现出一种热闹而隆重的气氛。此次宴会是××集团公司为庆祝本公司成功上市而举办，餐厅上至经理下至服务员从早上就开始布置环境。宴会开始时，一切正常进行，值台员上菜、报菜名、递毛巾、倒饮料、撤盘碟，秩序井然。按预先的安排，上完几道菜后，主人要祝酒讲话。只见主人和主宾离开座位，款款走到话筒前。值台员早已接到通知，在客人杯中斟满酒水。主人、主宾身后站着一位漂亮的服务员，手中托着放有两杯酒的托盘，主人和主宾简短而热情的讲话很快结束，服务员及时递上酒杯。正当宴会厅内其他客人站起来准备举杯祝酒时，厨房里走出一列身着白衣的厨师，手中端着刚出炉的烤鸭向各个不同的方向走去，客人不约而同地将视线移向这支移动的队伍，热烈欢快的场面就此给破坏了。主人不得不再一次提议全体干杯，但气氛已大打折扣了，客人的注意力被转移到厨师现场分割烤鸭上去了。

讨论：

在此次宴会中，白衣厨师出现的时间点合适吗？为什么？

任务工单4.2.6　宴会的迎宾工作

【思考探索】

1. 迎宾问候应注意些什么？

2. 拉椅让座的操作步骤有哪些？

【实训任务】

晚上6点，客人们陆续到达酒店，宴会主管和作为迎宾员的你在宴会厅门口迎接客人，你将如何热情、熟练地引导客人有序入席？

请以上面的工作情境为背景，和你的搭档进行工作情境的练习，采取角色扮演的方式，一人扮演顾客，一人扮演迎宾员，每练习一轮后，角色互换，反复练习，互相纠正，并填写表1，再用表2为自己的练习过程评分，检验练习结果。

表1　实训任务：工作情境宴会的迎宾工作

姓名：	班级：	学号：
实操用具：		你的角色：
你的任务：		
写出请宴会迎宾工作的步骤：		
写下服务时的对话：		

续表

写下你在操作中存在的困难：

表2 宴会的迎宾工作评分表

序号	项目	技能标准	分数	得分
1	仪容仪表	自然美丽、大方得体	5	
2	仪态语言	微笑亲切自然，语速适当，表达清晰贴切	10	
3	热情迎宾	标准姿态，热情迎接，使用敬语，微笑问好	15	
4	接挂衣帽	衣物切勿倒提，贵重衣物要用衣架，不接受贵重物品保管	15	
5	领位入座	遵循"先女后男、先宾后主"原则为客人拉椅	15	
6	端茶递巾	遵循"先女后男、先宾后主"原则递上香巾、热茶或酒水	15	
7	操作步骤	严格按照步骤操作	15	
8	操作规范	行为举止规范、专业	10	
	总分			

【案例思考】

究竟是谁的错？

2011年3月15日和16日是某大酒店接待任务最繁忙的两天，15日多功能厅举行全天会议，晚上是会议经理接待的某个银行的晚会，16日一楼大厅和二楼多功能厅将要同时举行两家婚宴接待，所以在15日晚一楼婚宴和多功能厅婚宴开始在各自的场地进行彩排和婚宴场地的布置。同时一楼零点也是比较繁重的，婚庆公司也忙着布置场地。

在此之前，酒店负责婚宴的营销经理已经答应客人可以提供彩排的场地（在前一天晚上9点之后），等多功能厅的新郎和所请的婚庆公司进行彩排和布置场地时，却有另外一个企业的晚会正在进行当中，这时新郎非常恼怒，立刻联系酒店方婚宴预订经理，婚宴预订经理和营销总监答应客人晚上10点之后能进行彩排和场地的布置，并积极做出补偿措施，安排多功能厅新婚家人在一楼免费用餐。可在晚上11点的时候晚会还在进行当中，没有结束的迹象。新郎和新娘更加急躁不安，脾气更加暴躁，认为酒店失误不守信用耽误了其人生大事。当天晚上的彩排也不了了之，婚庆公司布置场地加班到凌晨2点。16日婚礼如期进行，餐厅经理一刻也不敢离开婚礼现场，唯恐再出现一点意外。等整个婚礼结束之后新郎也不愿意买单，买单的事直到三日之后才解决，并且酒店方向其减免3000元的费用。

讨论：

案例中出现此种情况究竟是谁的错？

任务工单4.2.7　宴会中的就餐服务

【实训任务】

今天晚上，酒店宴会厅有一场35桌的婚宴，你作为宴会部当班的服务员，该如何进行撤换餐碟服务？

请你根据不同换碟时机完成表1，组员根据表2对你进行评价。

表1　实训任务：撤换餐碟

姓名：	班级：	学号：
实操用具：		你的角色：
你的任务：		

请完成下表的换碟要求，并进行餐碟撤换情景模拟。

换碟时机	换碟要求
上翅、羹或汤之前	
吃完带骨的食物之后	
吃完芡汁多的食物之后	
上甜菜、甜品之前	
上水果之前	
残渣、刺较多的餐碟	
客人失误将餐具跌落	

写下你在操作中存在的困难：

表2　撤换餐碟评分表

序号	技能标准	分数	得分
1	能主动与客人打招呼，服务中始终能以客人姓氏称呼	10	
2	仪态端庄大方，使用礼貌用语，动作规范，面带微笑	5	
3	关注台面，及时更换骨碟	20	
4	为客人撤换骨碟时，能先征求客人意见，按照客人需求进行对客服务	10	
5	撤换骨碟时顺序正确，手法卫生、规范	20	
6	在客人右侧进行服务，托盘不触碰到客人	20	
7	按正确的顺序进行操作，能随机应变	10	
8	整体印象分	5	
	总分		

【案例思考】

被弄脏的真丝外套

酒店会议中心正举行庆典晚宴。宴会到高潮时客人纷纷离座，三五成群地举杯畅饮。小李正在收撤餐具，当她走到餐桌与餐桌之间的过道时，有位女宾在那里与人谈话。小李刚好手里拿着一个味碟，内有少许酱油，她刚想请女宾让一让，不料一转身味碟里的一滴酱油已倒在女宾名贵的泰国真丝外套上。小李马上道歉并拿热毛巾想为女宾擦干净衣服，但女宾坚持不让小李擦她的衣服，并表示不要紧。但过了几分钟，女宾要求第二天由他们将她的衣服拿去洗涤部清洗。后来，领班小梁怕时间过长，污迹洗不掉，便请女宾马上将衣服交给他们拿去清洗，但女宾坚持要宴会结束后才将衣服交给他们。由于未能及时将衣服送洗，衣服送洗涤部清洗后未能将所有的污迹完全洗干净，令客人留下遗憾。

讨论：

1. 如何避免此类事故的发生？

2. 餐厅主管如何妥善处理该事故？

任务工单4.2.8 宴会结束工作

【实训任务】

晚上10点,婚宴接近尾声了,主管、迎宾员、值台员各就各位,按规范完成宴会结束后的各项工作。

请以小组唯单位进行宴会结束工作的练习,并完成表1,组员间根据表2相互进行考核点评。

表1 实训任务:宴会结束工作

姓名:	班级:	学号:
实操用具:		你的角色:
你的任务:		
写出宴会结束工作的步骤及其要点:		
写下你在操作中存在的困难:		

表2 宴会结束工作考核评分表

序号	考核要点	分数	得分
1	动作标准,语言恰当,注意礼貌礼节	20	
2	认真细致检查遗留物	15	
3	餐具按分类规范整齐摆放	15	
4	布草按分类正确回收	15	
5	程序正确,摆放整齐,恢复原样	15	
6	突出要点,有针对性,语言规范	10	
7	认真细致,关好门窗	10	
	总分		

【案例思考】

漏掉的"清蒸鲈鱼"

10月4日,某酒店宴会厅接待了一个5桌的寿宴。接待完毕后,客人顺利地结了账。次日,寿宴客人到部门投诉,说10月4日宴席上没有上鱼,要讨个说法。经部门调查了解,客人在预订时点了"清蒸鲈鱼",但是服务员在下单时工作粗心,开漏了菜单。厨房负责人和此次宴席服务跟进人也没有认真检查,导致无出品,这才有了客人的投诉。

讨论:

1. 为什么会出现案例发生的情况?

2. 面对客人的投诉,该如何处理?

项目5　中餐厅常见问题的处理

任务工单5.1.1　客人投诉类型

【案例思考】

一位客人在某度假村过生日，宴会上客人兴致很高，频频碰杯中不慎打破了酒杯，服务员见状马上要求客人赔偿，客人相当生气，便向餐饮部经理投诉。

讨论：

1. 案例里的客人属于哪种投诉类型？

2. 为什么客人会投诉？

3. 从饭店管理层面来说，饭店应如何避免客人投诉的发生？作为一名服务员，遇到客人的投诉该如何应对？

任务工单5.1.2　处理投诉的原则

【案例思考】

你们刚才点的就是这道菜

一天，赵先生在酒店的中餐厅请客户吃饭。点菜时，有一位客户点了一道"白灼基围虾"，但记菜名的服务员没注意听，把它误写为"美极基围虾"。当菜端上来以后，赵先生感到很奇怪，立即把服务员叫来："小姐，我们要的是'白灼基围虾'，这道菜你上错了，请你赶快给我们换一下。"

服务员一听不乐意了，辩解说："刚才这位先生点的就是'美极基围虾'，肯定没错。不信把菜单拿来核对一下。"她的话把刚才点这道菜的客户弄得很不高兴，赵先生的脸也沉下来："请小姐把点菜单拿来给我们看一下吧。要是你错了，得赶快给我们换。"

服务员过去拿来点菜单，赵先生等人一看，上面果然写的是"美极基围虾"。这一下，大家都感到奇怪了。刚才那位客户明明说的是"白灼基围虾"，大家都听得很清楚，但现在怎么就成了"美极"了呢？

服务员心里知道，自己当时一定是走神了，根本就没听清楚到底是"白灼"还是"美极"，但想到"美极基围虾"这道菜点的人多，想当然就记成"美极"了，可是她害怕赔偿，怎么也不肯主动承认是自己记错了。这时候，赵先生请的那位客户实在坐不住了，他有些气愤地说："把你们经理叫来，我有话对他说。"服务员极不情愿地去叫来了经理。这位经理大概已经听服务员汇报了情况，他走过来后便说："不好意思，你们刚才点的就是这道菜。我们店的服务员都是经过严格考核和培训的，记忆力都很好，在客人点菜时会如实地记下每一道菜名。"

大家本以为这位经理会过来赔礼道歉，把菜给换了，但没想到他居然会说出这种话！经理这番话的意思很明显：不是店方错了，而是赵先生等人错了。事情到这种地步，完全没有回旋的余地了。那位客户愤怒地拂袖而起，说道："好吧，请你赶快给我们结账吧！"赵先生见此情景，也觉得很尴尬，劝也不是，不劝也不是。愣了一会儿之后，他才赶忙对那位客户赔不是："真对不起，请原谅！以后再也不到这个餐厅来吃饭了！"

讨论：

如何处理案例中出现的问题？

任务工单5.1.3　投诉处理技巧和具体投诉事件的解决方法

【实训任务】

请对表1中的三个投诉事件进行情景模拟,并写出处理办法。根据你的表现,组员用表2对你进行评价。

表1　实训任务:投诉处理

姓名:	班级:	学号:
实操用具:		你的角色:
你的任务:		
请根据下列投诉事件,进行情景模拟,并思考处理办法。 1.食物或饮料泼洒到客人身上引起投诉: 2.客人投诉食物温度不对或火候不够: 3.客人投诉上错菜品或饮料:		
写下你在操作中存在的困难:		

表 2　投诉处理评分表

序号	技能标准	分数	得分
1	仔细聆听，试图找到投诉原因，保持目光接触，尽量用客人姓氏称呼	10	
2	礼貌地道歉，表示同情	15	
3	告诉客人处理的情况和时间	15	
4	着手为客人解决问题	30	
5	将事件的处理情况进行记录	15	
6	询问客人对处理结果的满意度	15	
	总分		

【案例思考】

客人在用餐过程中发现菜中有异物，向餐厅投诉了。假如你是餐厅经理，你该如何处理该投诉？请将处理对话写在表 3 中。

表 3　酒店投诉日志

　　年　　月　　日　　　　编号：

投诉人	姓名	性别	客源地	入住时间	房间号	联系电话
投诉内容	1.服务质量；2.设施设备；3.安全；4.其他					
投诉要求						
处理过程	受理人姓名		受理时间		处理完时间	
处理对话						

客人对处理结果的满意度：
很满意　　满意　　一般　　不满意

饭店负责人签署意见：

　　　　　　　　　　　　　　　　　　　　　签名：
　　　　　　　　　　　　　　　　　　　　　年　　月　　日

任务工单5.2.1　中餐服务过程中的应急服务

【实训任务】

1. 工作情境：处理用餐过程中出现的问题。

2. 工作准备：

（1）准备好笔、纸。

（2）确保你已经掌握中餐服务过程中的应急服务。

3. 个人练习：

（1）分小组设计情景演练。

情景一：用餐过程中客人反映菜中有异物，服务员的处理办法。

情景二：服务过程中服务员不小心弄脏客人衣物，服务员的处理办法。

情景三：发现客人要"走单"，服务员的处理办法。

（2）每个小组成员分工扮演客人或服务员，练习对服务过程中问题的处理过程。

（3）小组成员互换角色进行训练。

（4）请你的小组成员对你的表现进行评价，并填写在表1和表2中。

表1　实训任务：处理用餐过程中出现的问题

姓名：		班级：	学号：
实训场地：			你的角色：
实训情景：			评价人员签名：
考核内容	实训优缺点具体评价		如果分A、B、C、D四个级别，请你给组员评级
微笑			
服务态度			
语言表达			
处理方法			
总体表现			

表2 处理用餐过程中出现的问题评分表

序号	技能标准	分数	得分
1	仔细聆听，微笑服务，保持目光接触，尽量用客人姓氏称呼	15	
2	礼貌地道歉，表示同情、歉意与诚意	15	
3	着手为客人解决问题	40	
4	将事件的处理情况进行记录	15	
5	询问客人对处理结果的满意度	15	
	总分		

【案例思考】

醉酒客人的服务

某日，天津某五星级酒店举办了一场商务宴，客人快11点还没有走，有几个东倒西歪地躺在沙发上睡觉，还有几个正喝得高兴。这时，一位客人吐了旁边一男士一腿一鞋子，服务员小芳马上叫男服务员小马来帮忙，给客人清理干净污物。小芳又去厨房拿来蜂蜜，冲好温水端给客人。客人非常感谢，喝完休息一会儿，小芳把他们送到楼下。客人表示服务不错，下次有机会还会到酒店用餐。

讨论：

1. 案例中服务员小芳针对醉酒客人提供的服务怎么样？

2. 请简要分析，宴会中遇到醉酒客人时应怎么办。

项目6 餐厅家具、设备、餐具的使用与保养

任务工单6.1.1 餐厅常用家具的种类及用途

【思考探究】

1. 餐桌的大小要合理，以给予每位就餐者不少于（ ）的边长为宜。
A.55厘米　　　　　　B.65厘米　　　　　　C.75厘米　　　　　　D.85厘米

2. （ ）餐桌的用途较为广泛，它可用于中西各式餐厅。
A.圆形　　　　　　　B.长方形　　　　　　C.正方形　　　　　　D.椭圆形

3. 直径200厘米的桌面一般是供（ ）人就餐时使用的。
A.8　　　　　　　　B.10　　　　　　　　C.12　　　　　　　　D.14

4. 供6人就餐时用的长方形桌面的规格是宽（ ）厘米，长（ ）厘米。
A.75，110　　　　　B.90，20　　　　　　C.110，220　　　　　D.120，240

5. 餐桌的高度应控制在（ ）厘米，不能过高或过低。
A.65～70　　　　　　B.70～74　　　　　　C.72～76　　　　　　D.74～80

6. 餐椅的腿之间的跨度至少要达到（ ）厘米，才能保证其稳当。
A.30　　　　　　　　B.35　　　　　　　　C.40　　　　　　　　D.45

任务工单6.1.2 餐厅常用家具的保养

【知识归纳】

星级酒店中,中餐厅家具的清洁和保养,是否可以统一用清洁抹布从头到尾抹一遍呢?答案是否定的。中餐厅的家具,材质是不一样的,有木质的、皮质的、不锈钢的、布质的,甚至有金银铜质的,所以,各种家具的清洁和保养,必须严格按照其本身的材质,采用适合的清洁保养措施。

通过本节内容的学习,你能完成表1的填写吗?

表1 不同材质家具的保养方法

材质	保养方法
木质	
皮质	
布质	
玻璃材质	
不锈钢	
铜器	

任务工单6.2.1 餐厅设备的种类及用途

【实训任务】

请你调查典型饭店（有一定星级，或有一定特色），了解其餐饮设备的使用及保养情况，完成表1。

表1 实训任务：调研本地典型酒店

姓名：	班级：	学号：
调研酒店：		
调研目的：调查典型饭店（有一定星级，或有一定特色），了解其餐饮设备的使用及保养情况		
调研方式：网络查询、咨询酒店管理人员、调查问卷等。 1.学生以班为单位，分批到酒店企业部门参观； 2.参观场地可以是零点餐厅，也可以是宴会厅		
请列出你打算提的问题，并记录得到的答案。 1.通过现场参观、听取讲解、实地考察、简单操作形式学习； 2.向服务员请教各类服务设备的使用、维护保养方法； 3.可借助服务现场、网络、图表设计等信息资料讨论分析		
总结调研结果：		
调研中你是否遇到困难，你是怎样克服的？		

任务工单6.2.2 餐厅服务设备的保养

【案例思考】

桌边烹饪车"搅了局"

2021年4月的一天,天气清爽,阳光明媚。柳州市满城紫荆花絮,春意盎然。董小姐早早就出门,因为今天要见几位香港来的大客户。董小姐预订了柳州市最好的酒店——沃顿时尚酒店作为接待场所。

接到客人后,董小姐指示司机提前赶往酒店,目的是想让客人可以提早休息一下,好让客人有精神参加接下来的这场她精心准备的饭局。

董小姐早早地就在酒店大堂等候客人,并随手示意助手赶紧通知餐厅,客人随后就到。董小姐是一位细心的人,她提前了解和掌握了几位香港客人的饮食起居信息,比如喜欢喝什么茶、抽烟是什么品牌,喜欢喝什么类型的酒,有什么忌讳等,都掌握得八九不离十。难能可贵的是,董小姐精心为每一位客人都点了一道客人自己特别喜欢吃的菜,而且特意交代过餐厅,必须是顶级食材,厨师长亲自操刀下厨烹饪。当准备上到最后一位客人的心仪菜时,刚好这道菜需要在桌边烹饪,以保证火候和入口时间最佳。当所有人投去期待的目光时,突然发现桌边烹饪车下面火花四溅,电磁炉冒着青烟和火苗,火苗乱窜,吓得几位香港客人狼狈逃离餐桌,服务员也是一下子慌不择路撞到了桌边的客人。现场一片混乱,董小姐精心准备的饭局泡了汤……

讨论:

1. 董小姐精心准备的饭局为什么泡了汤?

2. 你认为以上事件会对酒店餐厅有哪些方面的影响?餐厅应该怎样做好各类服务设备的保养工作?

任务工单6.3.1　餐具的种类及用途

【案例思考】

小王的羞愧

小王到某餐厅实习，主管带他熟悉餐厅的各种餐具，并时不时地向他提问这些餐具的用途。但是小王除了一些常见的餐具，对其他餐具一无所知，尤其是造型各异的杯子，更是让他觉得心里非常慌。这时他才后悔在学校的时候没有认真学习，这些看似简单的问题，现在都成了拦路虎，小王不禁羞愧地低下了头。

讨论：

1. 不同的菜肴会使用不同的餐具，这在高档餐厅最为常见，餐厅为什么这样做？

2. 如何才能将教材中的内容牢牢记住，并能在实际工作中灵活运用？

【知识归纳】

中餐厅常见的餐具种类有瓷器类、玻璃类、不锈钢类、银器类，每一种类餐具在使用过程中都有各自的优缺点，学完本课时内容，请同学们归纳各类餐具的优缺点，完成表1。

表1　各类餐具的优缺点

餐具种类	优点	缺点
瓷器类餐具		
玻璃类餐具		
不锈钢类餐具		
银器类餐具		

任务工单6.3.2 各类餐具的保养

【案例思考】

餐具清洁和保养不是小事

某高档餐厅开业以来，生意红火，客人对菜品的味道赞不绝口。但是细心的经理发现，客人经常在用餐之前提出更换餐具的要求。经过调查终于发现，原来问题出在餐具的清洁上，餐厅的各类餐具，有陶瓷的、不锈钢的，还有银的，都需要用专业的方法清洗和保养。发现问题后，经理用了一周时间来培训服务员的专业技能，终于让用餐的客人满意而来，乘兴而归。

讨论：

餐厅服务员在平时使用和保养这些餐具的时候，应该持怎样的工作态度和工作责任心呢？